明清名家篆刻名品（上）

中國篆刻名品［十］

U0102002

上海書畫出版社

《中國篆刻名品》編委會

主編

王立翔

編委（按姓氏筆畫爲序）

王立翔　田程雨
朱艷萍　李劍鋒
陳家紅　張恒烟
張怡忱　楊少鋒

本册釋文注釋

田程雨　陳家紅

本册圖文審定

朱艷萍　陳家紅

前言

王立翔

中國印章藝術歷史悠久。殷商時期，印章是權力象徵和交往憑信。雖然印章的産生與實用密不可分，但在不同時期的文字演進與審美意趣影響下，形成了一系列不同風格。至秦漢，印章藝術達到了標高後代的高峰。六朝以降，鑒藏印開始在書畫上大量使用，這不僅促使印章與書畫結緣，更讓印章邁向純藝術天地。宋元時期，書畫家開始涉足印章領域，不僅在創作上與印工合作，而且將印章與書畫創作融合，共同構築起嶄新的藝術境界。由于文人將印章引入書畫，并不斷注入更多藝術元素，至元代始印章逐漸演化爲一門自覺的文人藝術——篆刻藝術。元代不僅確立了『印宗秦漢』的篆刻審美觀念，更出現了集自寫自刻于一身的文人篆刻家。在明清文人篆刻家的努力下，篆刻藝術不斷在印材工具、技法形式、創作思想、藝術理論等方面得到豐富和完善，至此印人輩出，流派變换，風格絢爛，蔚然成風。明清作爲文人篆刻藝術的高峰期，與秦漢時期的璽印藝術并稱爲印章史上的『雙峰』。

記録印章的印譜或起源于唐宋時期。最初的印譜有記録史料和研考典章的功用。進入文人篆刻時代，篆刻家所輯印譜則以鑒賞臨習、傳播名聲爲目的。印譜雖然是篆刻藝術的重要載體，但其承載的内涵和生發的價值則遠不止此。印譜所呈現的不僅僅是個人乃至時代的審美趣味、師承關係與傳統淵源，更體現着藝術與社會的文化思潮。以出版的視角觀之，印譜亦是化身千萬的藝術寶庫。

《中國篆刻名品》是我社『名品系列』的組成部分。此前出版的《中國碑帖名品》《中國繪畫名品》已爲讀者觀照中國書畫構建了宏大體系。作爲中國傳統藝術中『書畫印』不可分割的一部分，《中國篆刻名品》也將爲讀者系統呈現篆刻藝術的源流變遷。《中國篆刻名品》上起戰國璽印，下訖當代名家篆刻，共收印人近二百位，計二十四册。與前二種『名品』一樣，《中國篆刻名品》也努力突破陳軌，致力開創一些新範式，以滿足當今讀者學習與鑒賞之需。如印作的甄選，以觀照經典與别裁生趣相濟；印蜕的刊印，均高清掃描自原鈐優品印譜，并呈現一些印章的典型材質和形制；每方印均標注釋文，且對其中所涉歷史人物與詩文典故加以注解，透視出篆刻藝術深厚的歷史文化信息；各册書後附有名家品評，在注重欣賞的同時，幫助讀者瞭解藝術傳承源流。叢書編排體例分爲兩種：歷代官私璽印以印文字數爲序；文人流派篆刻先按作者生卒年排序，再以印作邊款紀年時間編排，時間不明者依次按照姓名印、齋號印、收藏印、閑章的順序編定，姓名印按照先自用印再他人用印的順序編排，以期展示篆刻名家的風格流變。

《中國篆刻名品》以利學習、創作和藝術史觀照爲編輯宗旨，努力做優品質，望篆刻學研究者能藉此探索到登堂入室之門。

簡介

璽印篆刻藝術在經歷唐宋元的式微後，明代文彭、何震運用青田石刻印，印材得到根本性的改變，文人開始全面參與篆刻的鎸刻創作中，篆刻藝術開始呈現風格多樣、流派紛呈的局面。

文彭篆刻雅正秀潤，風格遒勁。何震與文彭情在師友間，篆刻風格以猛利著稱。其後諸多文人篆刻家的師法和傳授，多因循文、何開闢的道路，從此文人印壇真正發展起來。

明末，隨著集古印譜的增多和印學理論的發展，印壇在摹古的同時也出現了各具特色的創作。或受到地域影響，或因取法選擇，印壇産生了流派的分野。各流派各樹旗幟，自尊領袖。有以文彭爲首的『三橋派』崇尚流美的綫條質感，所刻皆圓潤雅致；以何震爲首，梁袠、胡正言等爲主要人物的『雪漁派』，以刀就石，衝刀刻就，綫條爽利果敢；以蘇宣爲首，程遠、何通爲主要人物的『泗水派』，吸收秦漢印的營養，在衝刀中雜以切刀，所刻渾樸、雄健頗近漢印；以及『別立營壘，稱伯稱雄』的獨立印人，如崇尚工穩漢私印和光潔元朱文印風的汪關、汪泓父子，取法秦漢印又能自出新意的後期皖派代表『歙四家』程邃、巴慰祖、胡唐、汪肇龍等人，這些流派印人都無一例外地受到文彭、何震的影響，取徑秦漢印而能自出新意。

明代至清初的印人多受文、何之風籠罩，雖然有流派紛呈、百家争鳴的局面，但其風格總體上趨于圓轉流美，其間開始的集古印譜之風爲清代篆刻藝術的繁榮奠定了堅實的基礎。

本書印蜕選自《二十三舉齋印摭》《傳樸堂藏印菁華》《慈溪張氏魯盦印選》《明清名人刻印匯存》等原鈐印譜，另有何震、蘇宣等個別印蜕爲近年新出土者。部分印章配以國内各大博物館藏原石照片。

目録

文彭：字壽承，號三橋，世稱『文國博』，江蘇蘇州人。明代藝術家，文徵明長子，工書畫、精篆刻，開文人以凍石自書自刻印之先河。

眉公：陳繼儒，字仲醇，號眉公、麋公，上海人。明代文學家、書畫家，著有《小窗幽記》《妮古録》。

畫隱

壬戌春，文彭。

傳樸堂藏，高野侯觀。

眉公《妮古録》謂：『文五峰有「畫隱」印。』此刻刀法古茂，爲文氏遺物無疑，望庵屬記之。褆。

七十二峰深處

文彭。

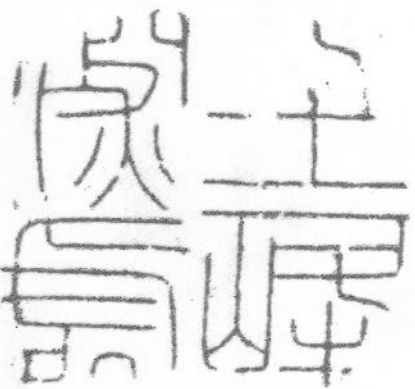

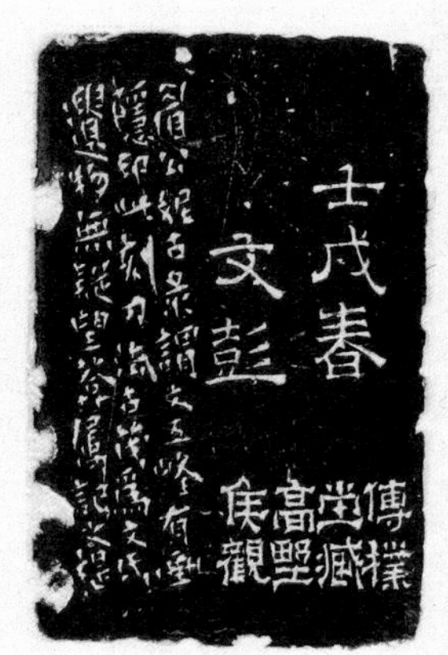

琴罷倚松玩鶴

琴罷倚松玩鶴。余與荆川先生善，先生別業有古松一株，畜二鶴于内。公餘之暇，每與余嘯傲其間，撫琴玩鶴，洵可樂也。余既感先生之意，因檢匣中舊石篆其事于上，以贈先生，庶境與石而俱傳也。時嘉靖丁未秋，三橋題識于松鶴齋中。

葛氏晏廬珍藏，王禔拜觀。

荆川先生：唐順之，字應德、義修，號荆川，江蘇常州人。明代文學家，主張『本色論』『師法唐宋』，是明代中後期『唐宋派』的領袖。

葛晏廬：葛昌楹，字書徵，號竺年、晏盧，浙江平湖人。近現代藏書家、收藏家，好藏印，尤嗜明清名家印刻，曾與胡淦輯《明清名人刻印匯存》。

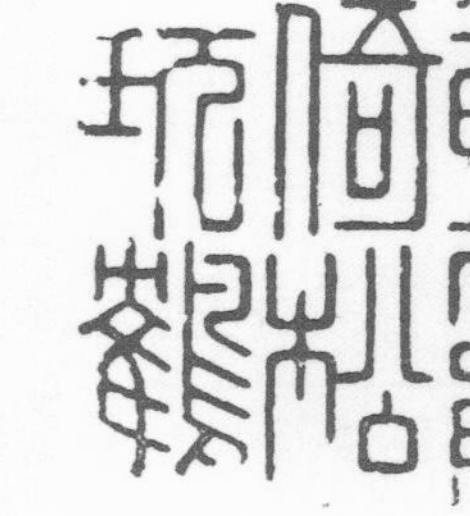

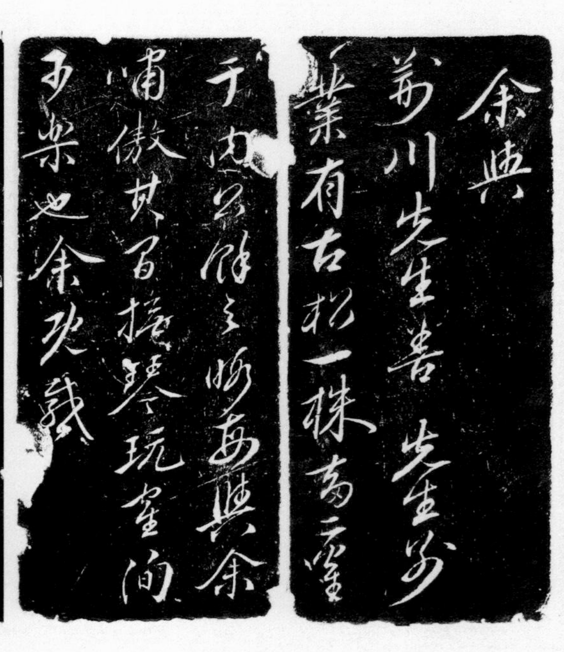

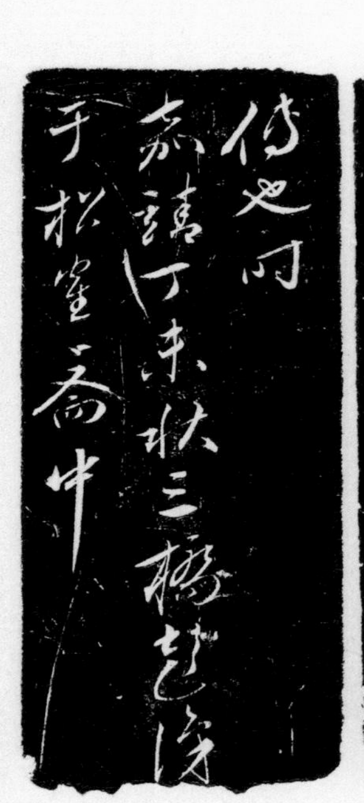

文彭之印　文彭

文壽承氏　三橋居士

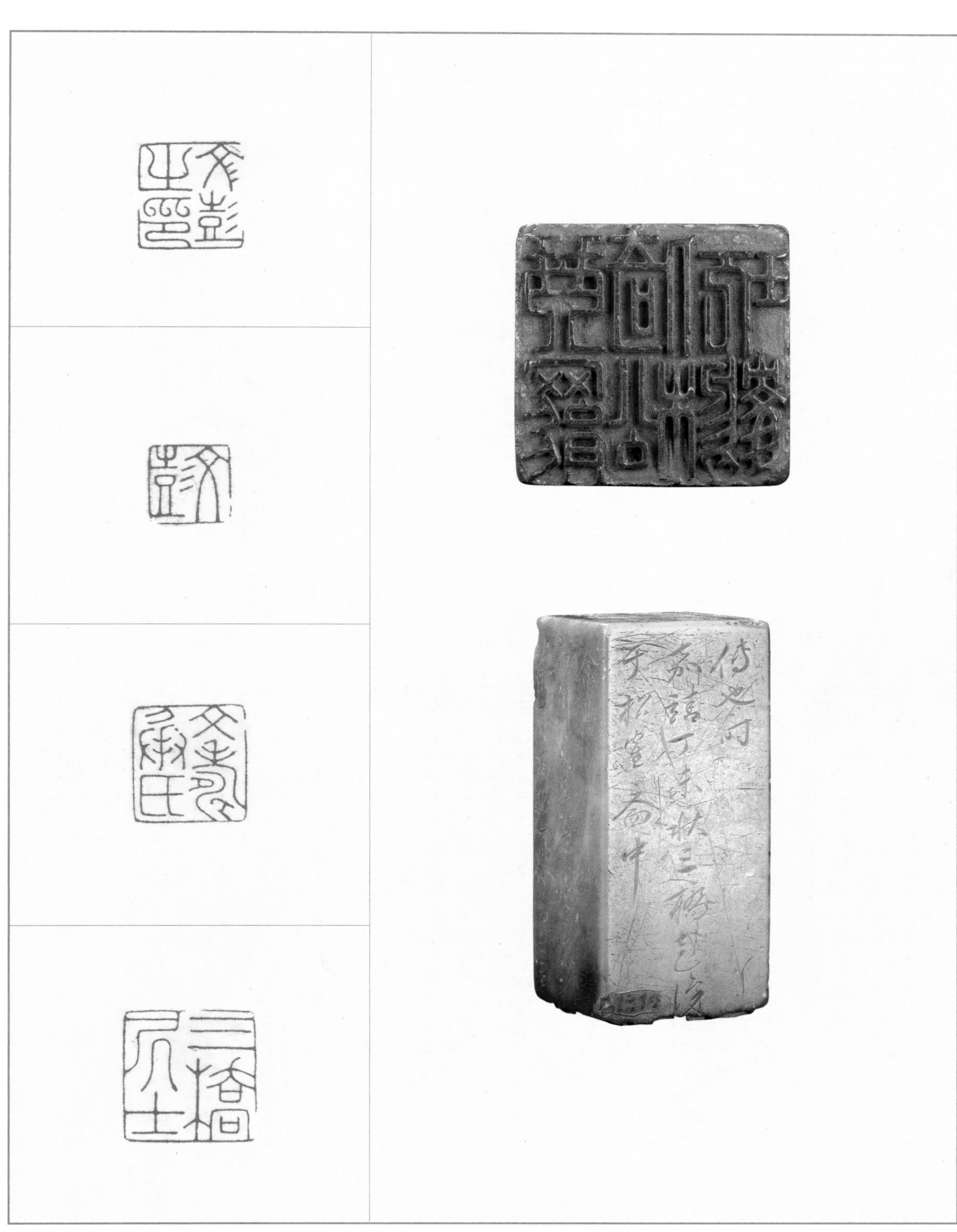

文嘉　文休承　文嘉休承

文水道人　休承

舜佐

主臣。

文嘉：字休承，號文水、五峰山人，江蘇蘇州人。明代藝術家，文徵明次子，吴門派代表畫家，能詩，工書，精鑒別古書畫，亦工石刻。

何震：字主臣，長卿，號雪漁，江西婺源人。明代篆刻家，與文彭爲師友之交。刻印以剛鋭出之，一時稱雄印壇。

舜佐：查允揆，字舜佐，號斗南，浙江海寧人。明諸生，爲清代文學家查慎行曾祖。

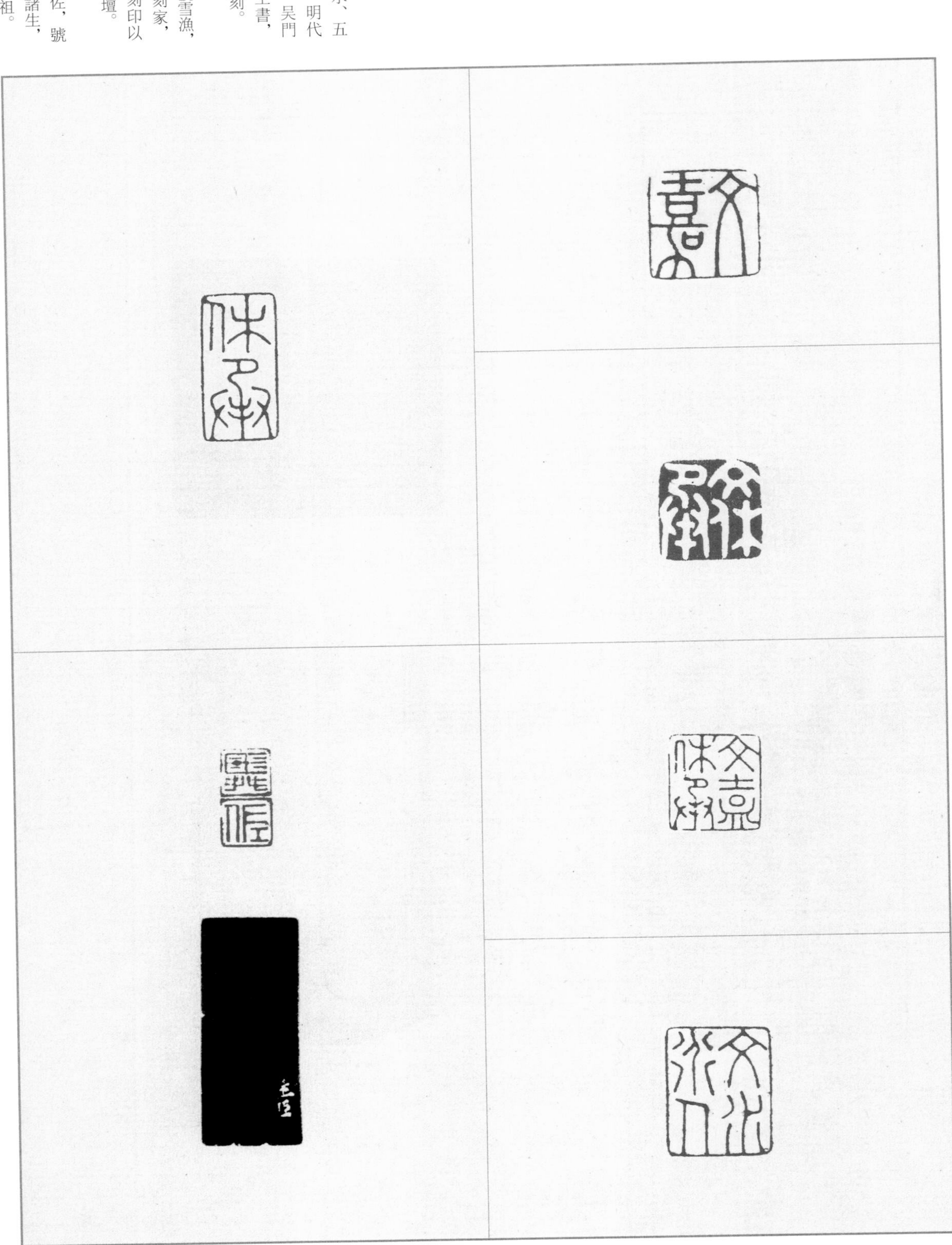

王百穀：王穉登，字伯穀、百穀，號松壇道士，江蘇蘇州人。明代文學家、書法家，著有《吴郡丹青志》。

湘蘭仙史：馬守真，字湘蘭、香蘭，江蘇南京人。秦淮八艷之一，能詩善畫，尤擅畫蘭竹。

聽鸝深處

王百穀兄索篆，贈湘蘭仙史。何震。

當湖葛氏傳樸堂珍藏精品，古杭王禔獲觀，敬識眼福。戊寅七月。

何震

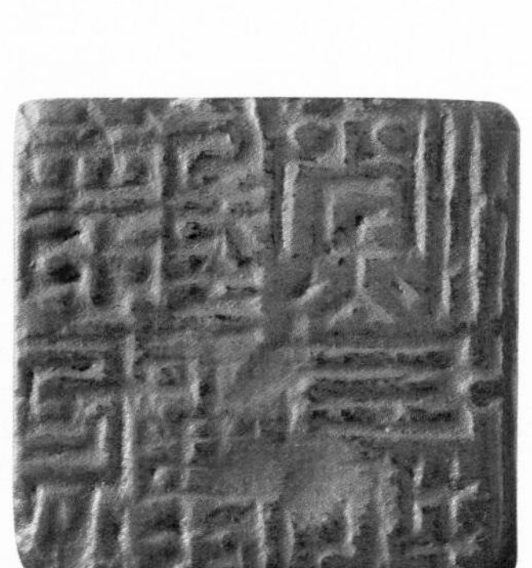

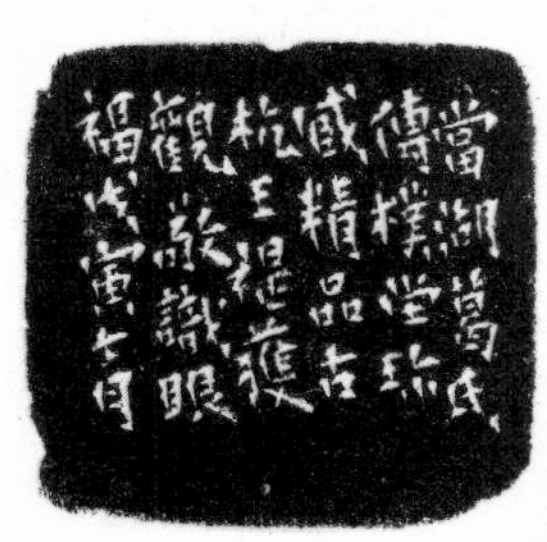

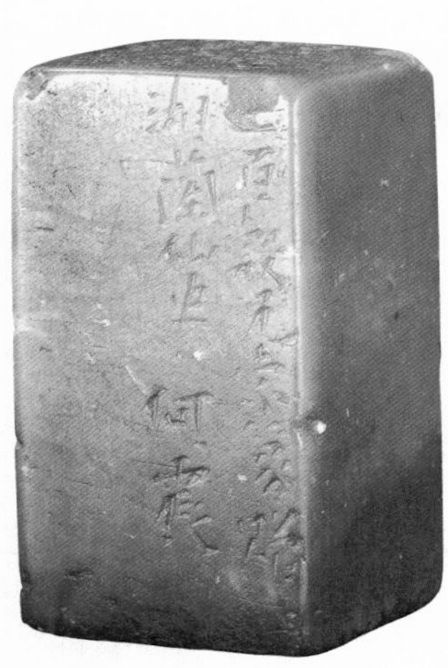

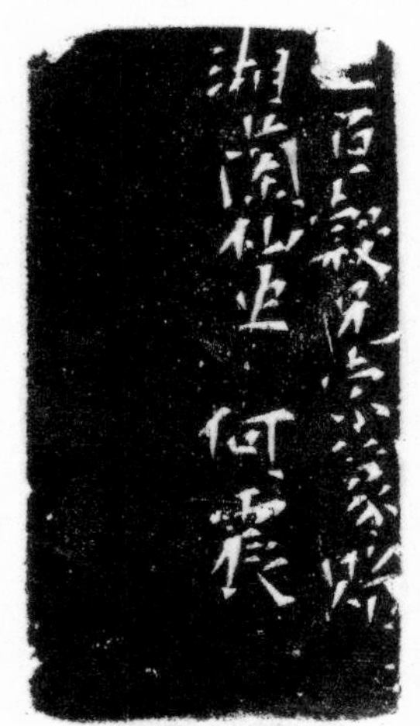

雲中白鶴

甲辰二月，作于松風堂中。何震。

查允揆印

丁酉仲夏，作此奉别。何震長卿。

查允揆印

雪漁震。

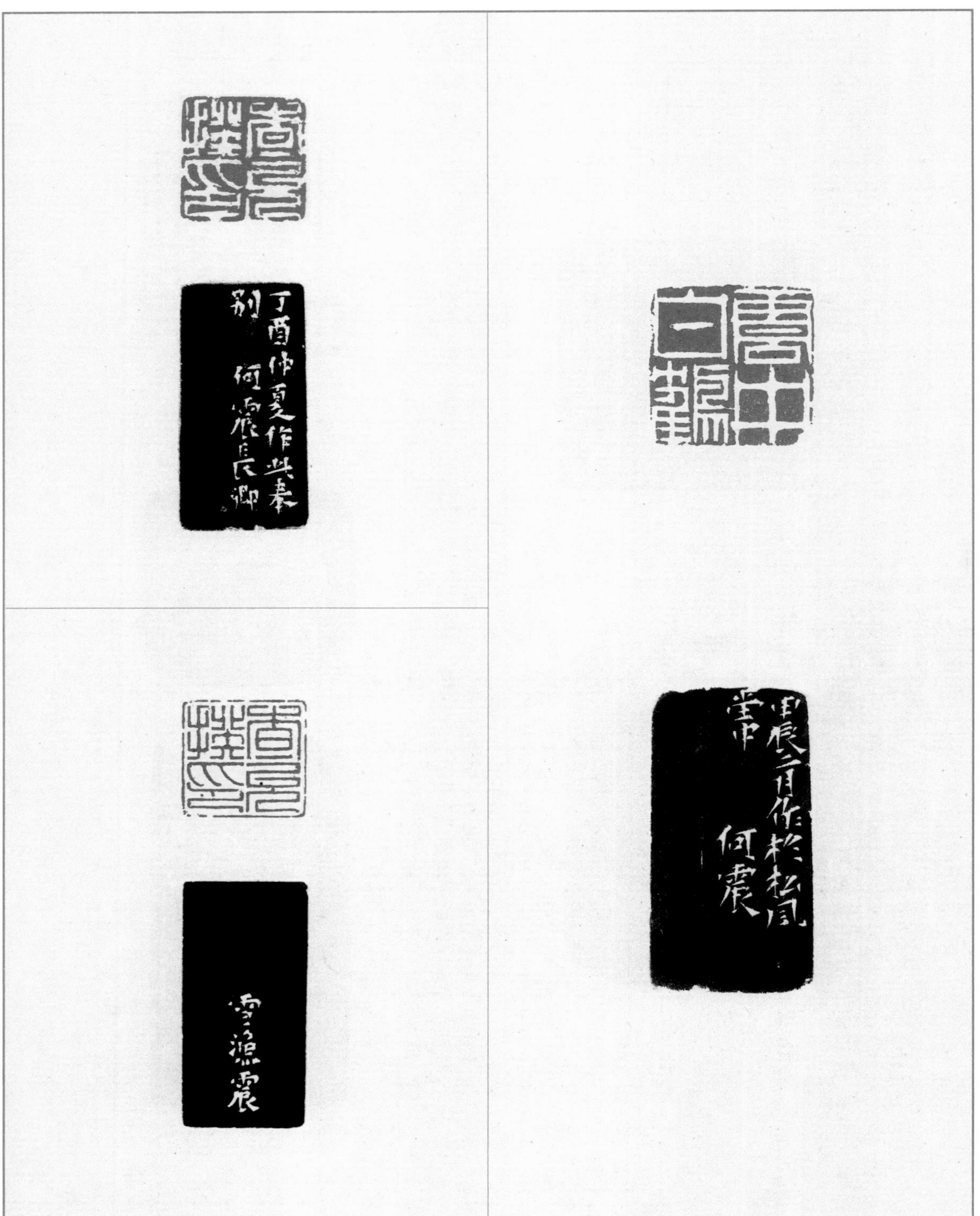

允揆

雪漁震。

查允掄印

何震。

花港漁郎

余游白門，十載有餘，將歸黃山。玄初先生□冠澹若，携酒作别。□□公篆草之，□□□□。歲在甲辰十月，似□□，何震。

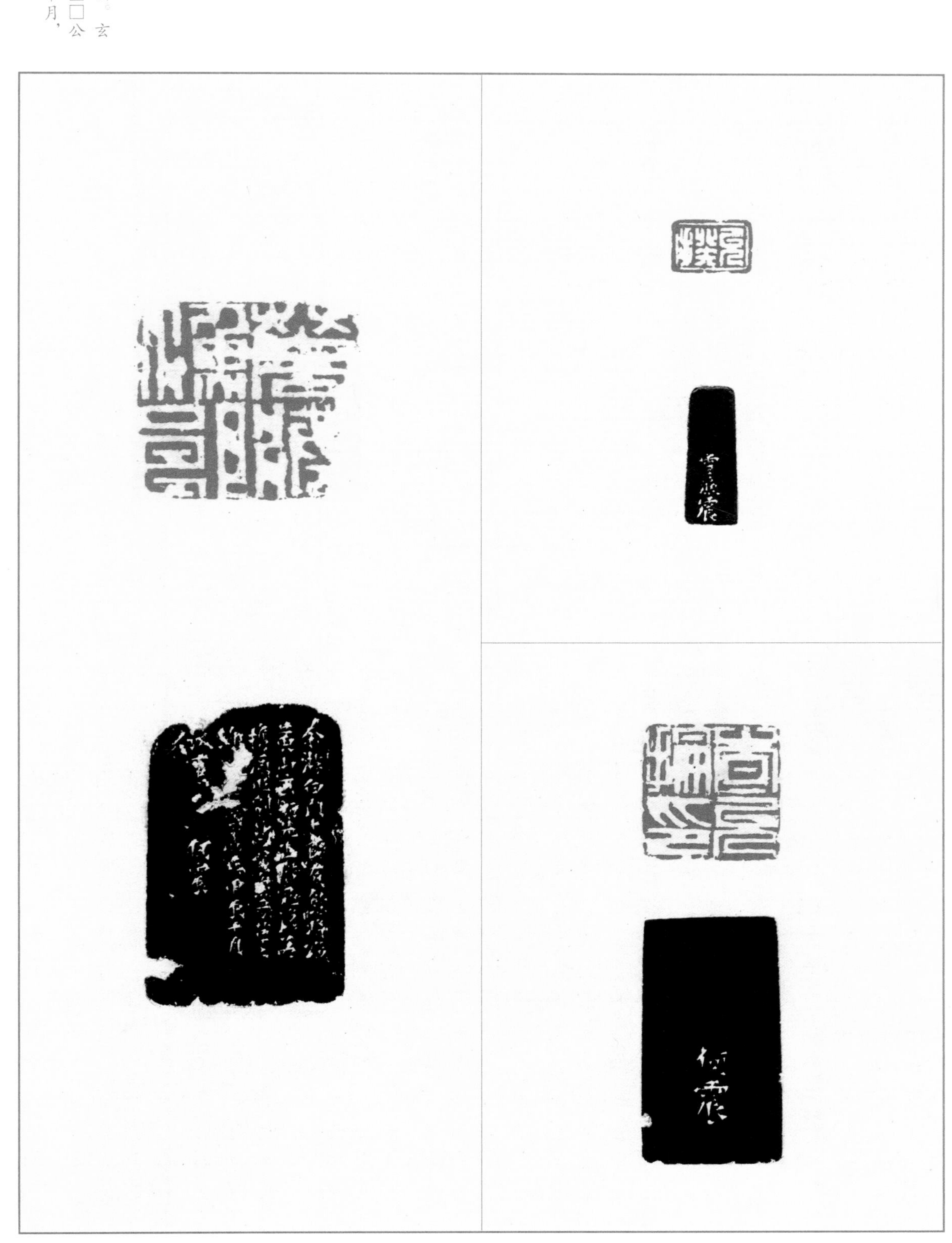

澹如水

丙午秋月，作于西湖僧舍。雪漁。

雪齋

□□先生委製。何震。

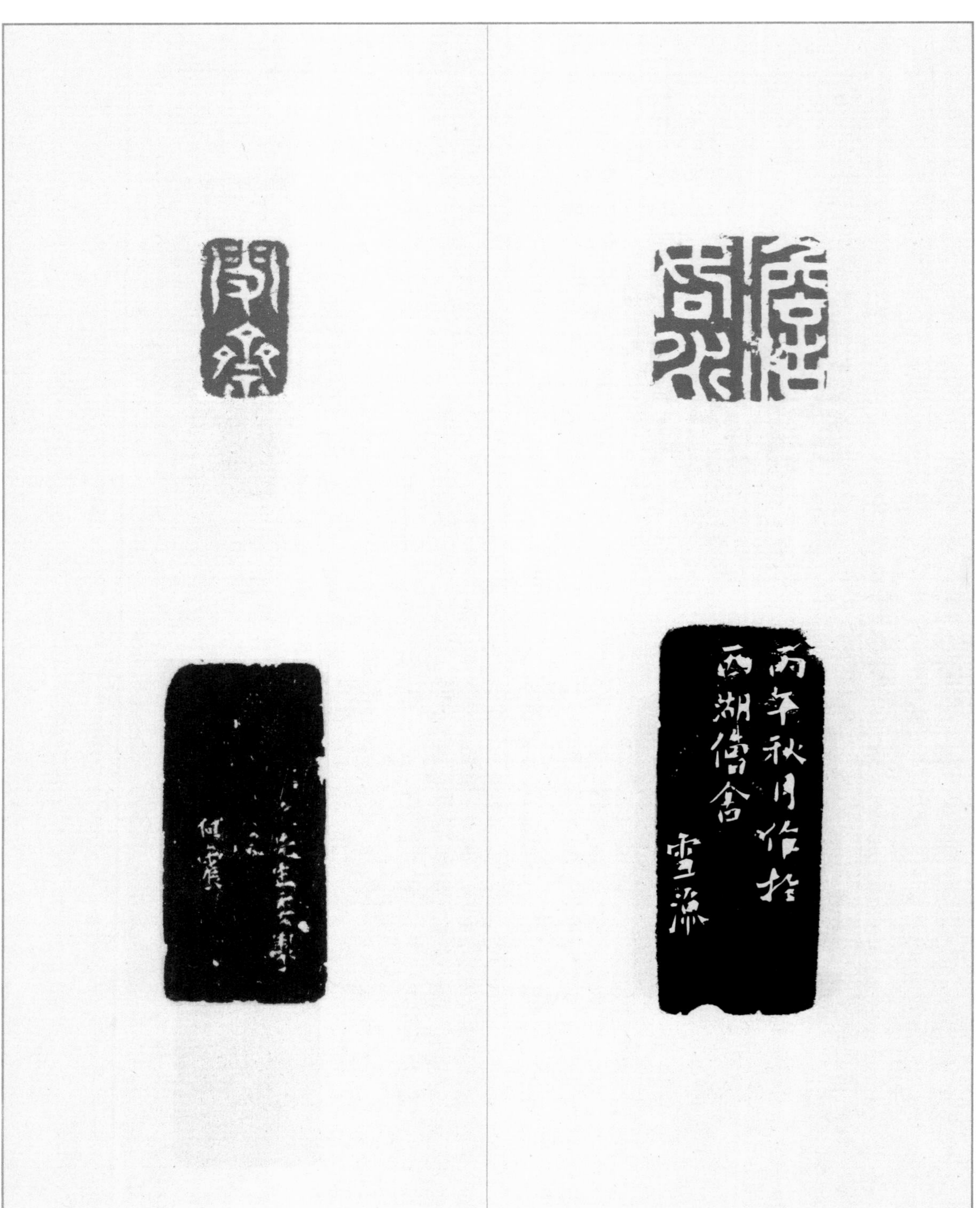

查允揆印
何震

阿葵
長卿

查氏舜佐
長卿

查允揆印
何震

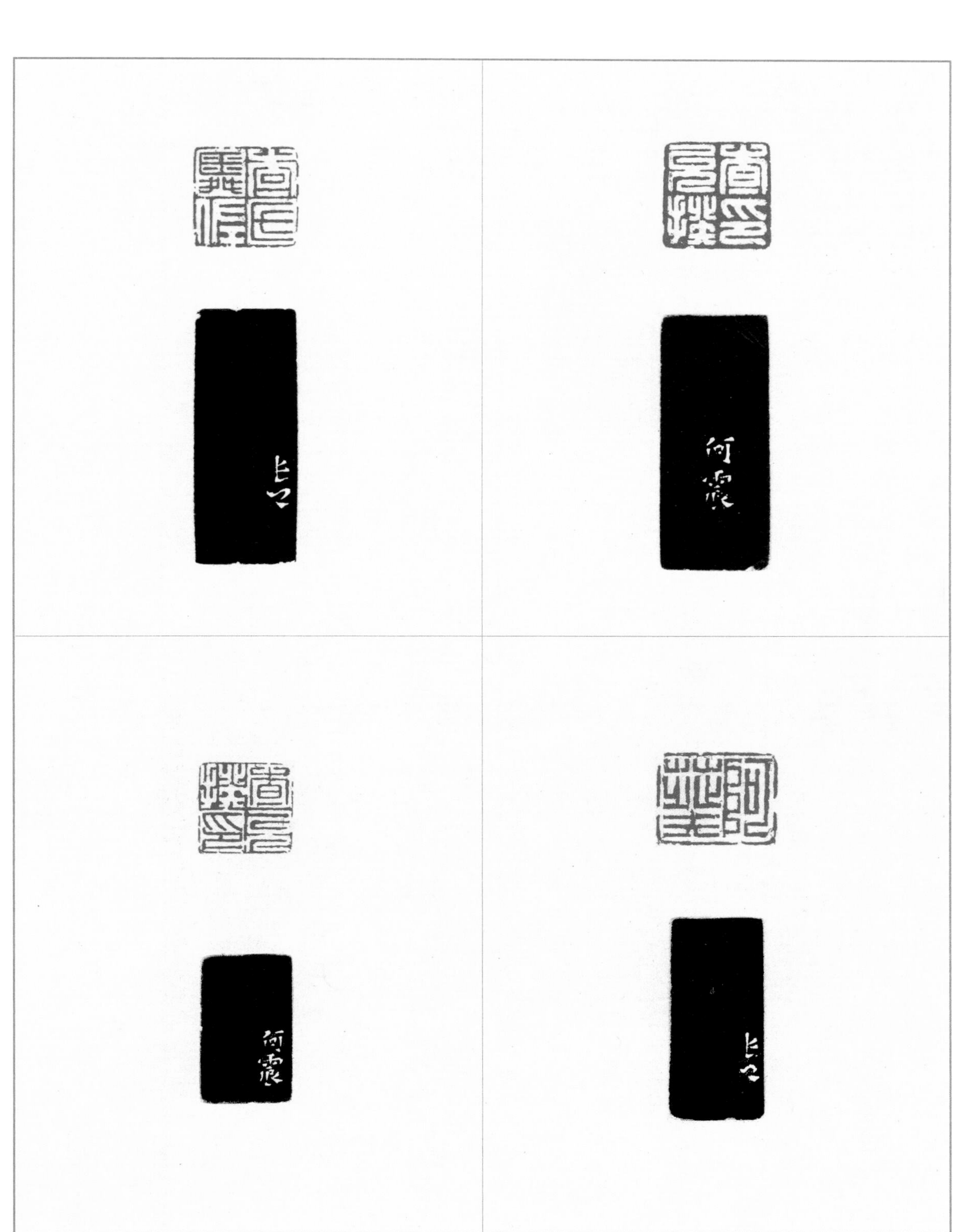

顧林之印

何長卿。

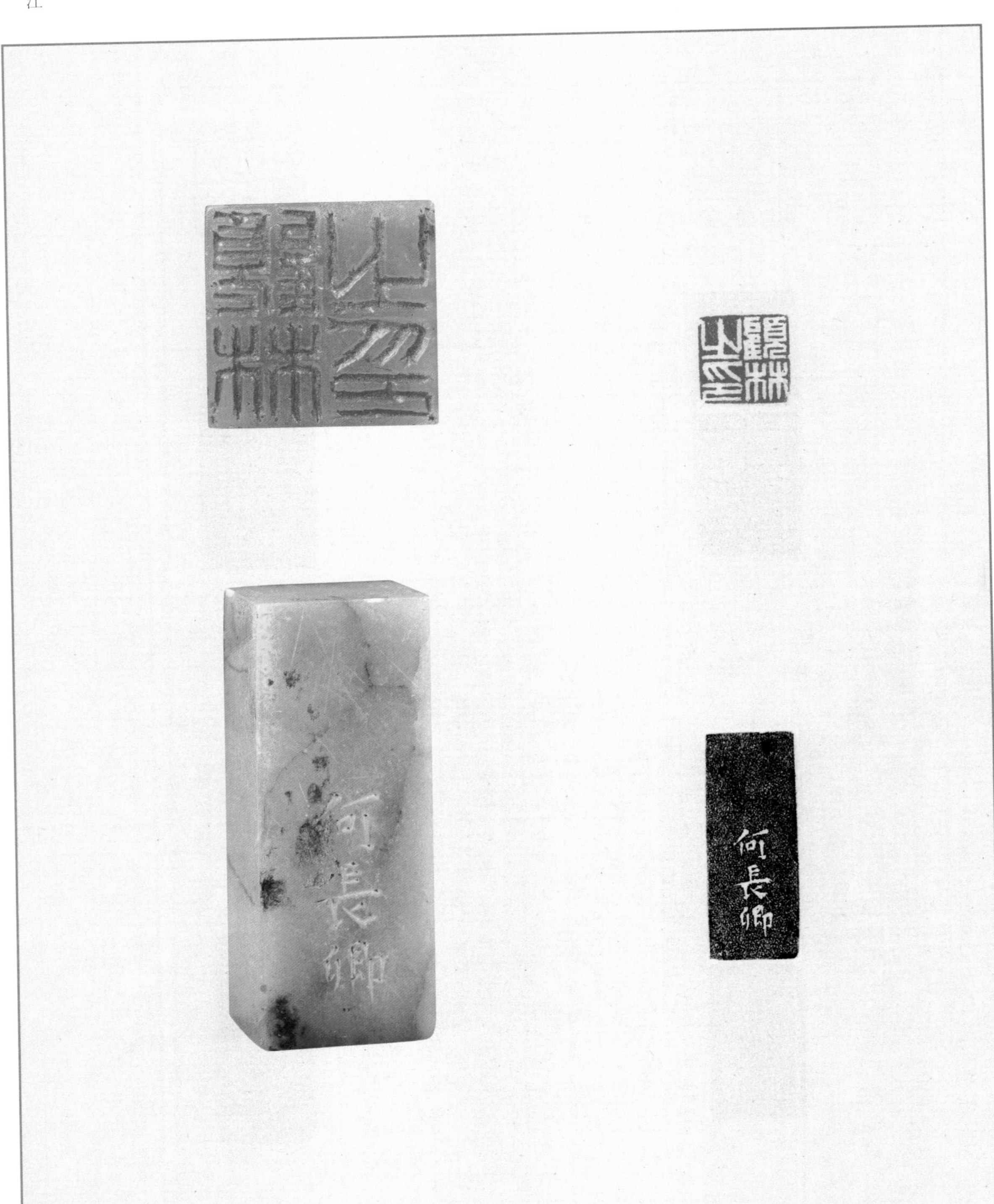

顧林：字鬱卿，號又玄，江蘇無錫人。明太學生。

舜佐

長卿。

查氏舜佐

長卿。

允揆之印

何震。

顧林之印

長卿。

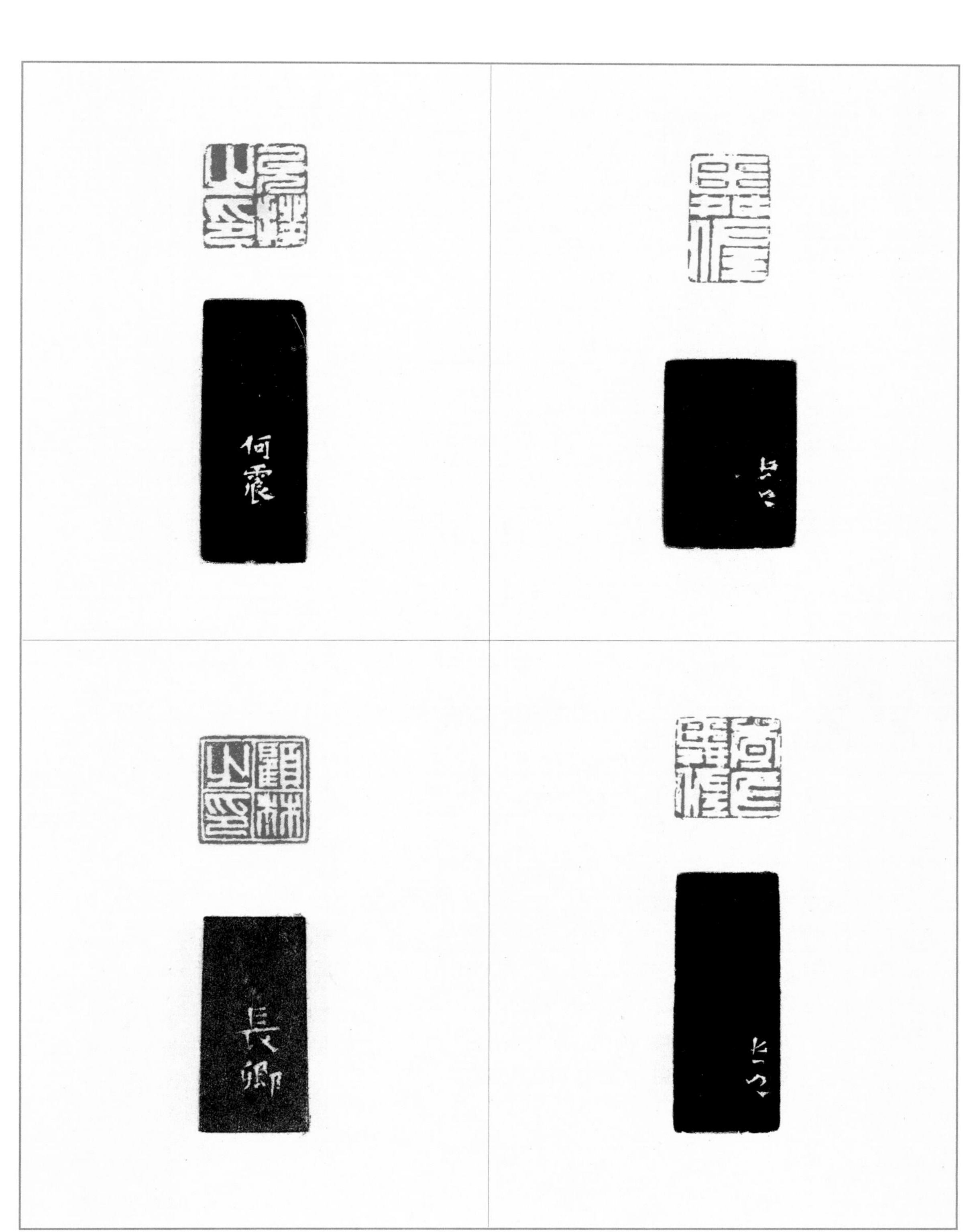

鬱卿父
長卿。

靜怡書屋
鶴千篆。

居易俟命
居易俟命。丘隅篆。

采真堂印
吳良止。

張日中：字鶴千，江蘇常州人。明代篆刻家，刻印摹文彭，爲三吳名彥所重。

吳良止：字仲足，號丘隅、未央，安徽休寧人。明代篆刻家，博通六書，尤善治金玉章，所作工穩，有娟秀之氣。

居易俟命：語出《中庸》「君子居易以俟命，小人行險以徼幸」句。

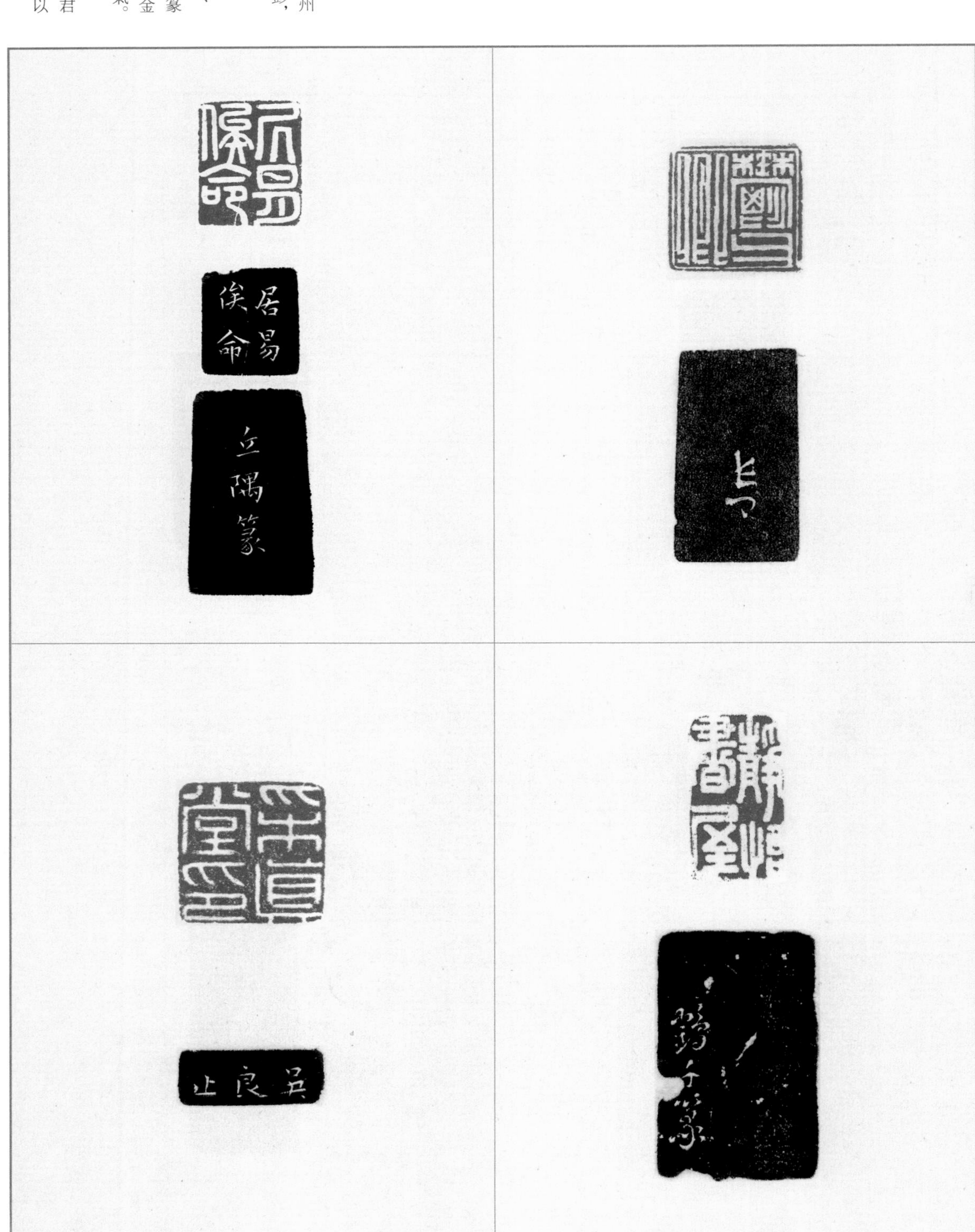

丁元公：字原躬，號願庵，浙江嘉興人。明代篆刻家，宗秦漢印，秀雅静穆，尚古能化，自具風格。

錫鬯：朱彝尊，字錫鬯，號竹垞，浙江秀水人。明末清初著名文學家、學者，浙西詞派創始人，著有《日下舊聞》《經義考》。

三餘堂・隨庵

三餘堂爲奉常公讀書之處。丁巳三月，與錫鬯放棹婁東，隨庵三兄索刻是印，蓬窗作兩面印以應之。丁元公記。

香茅屋，青楓樹底。小蓬門，紅板橋西。雖無蔗芋田，也有桑麻地。野薔薇，結个笆籬。更添種山茶、緑萼梅，这便是，先生錦里。右調《沉醉東風》，秀水朱彝尊作。

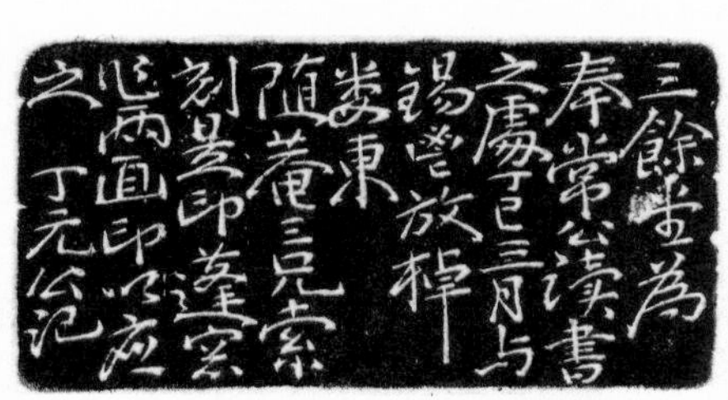

六面兩套印

壬辰進士・五茸逸人・甘泉山房・南宫仙史・唐氏長公（第一層）

莉丘館（第二層）

萬曆壬辰秋日，爲唐長公先生篆。新都葉原。

葉原：四川成都人。明代篆刻家，宗漢印法。

唐長公：唐之屏，字君公、長公，號曾城，上海人。明代文學家，著有《五茸志餘》。

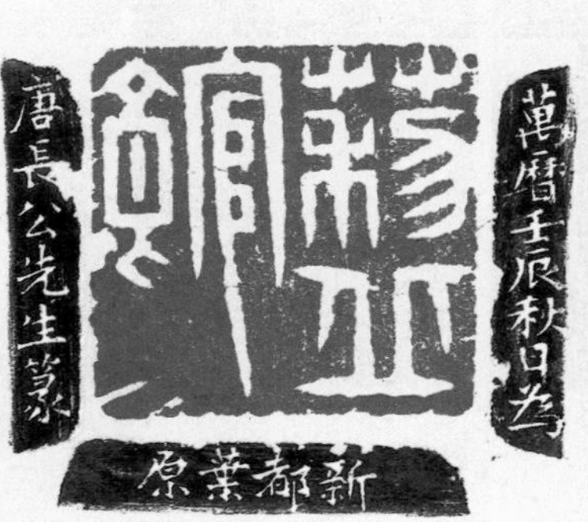

古墨林

甘暘。

甘暘：字旭甫，號寅東，江蘇南京人。明代篆刻家，嗜秦漢印，善治銅玉印章，白文用刀猛利，朱文圓潤遒勁。

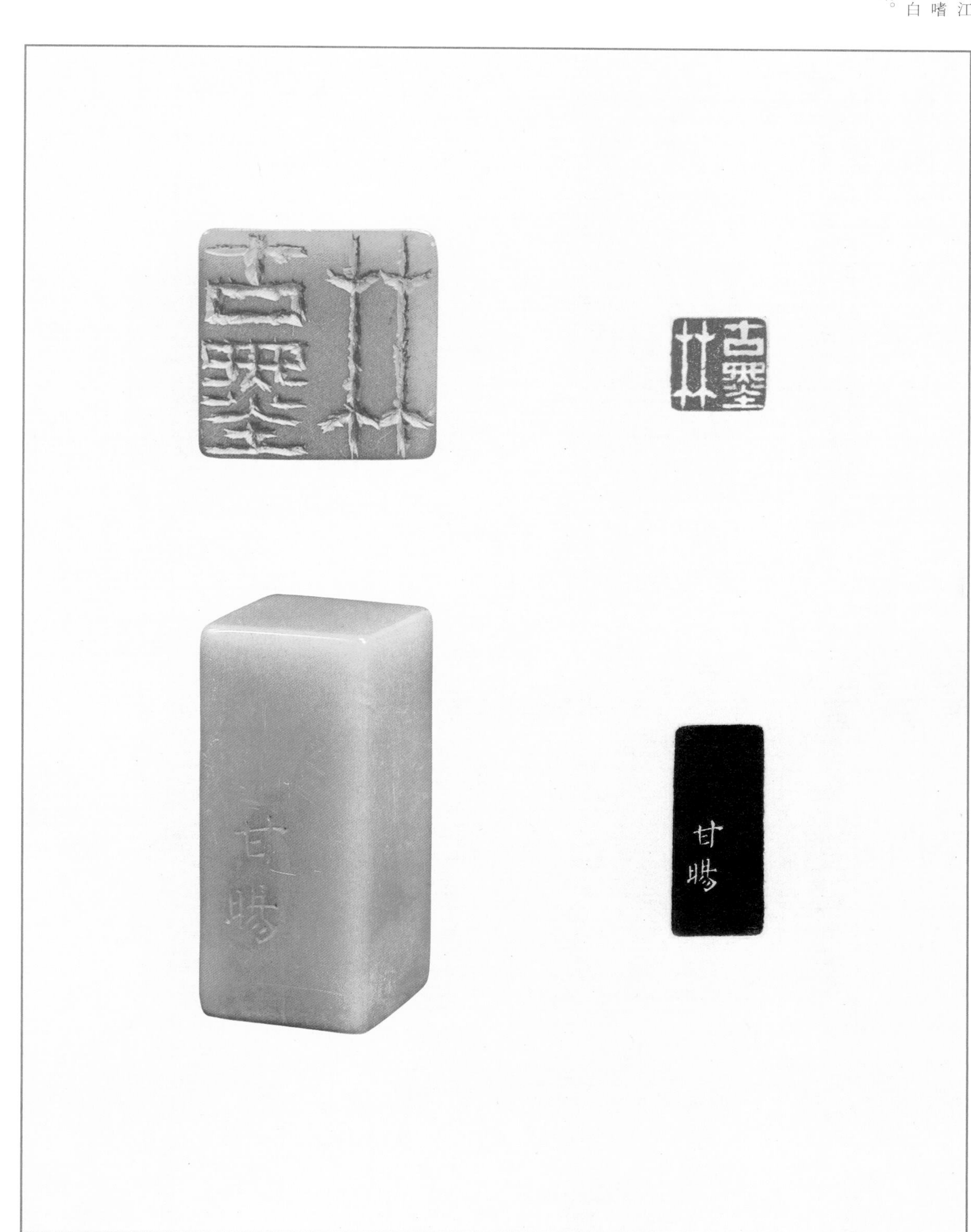

我思古人實獲我心

壬戌季秋望篆。嘯民。

流風回雪

蘇嘯民。

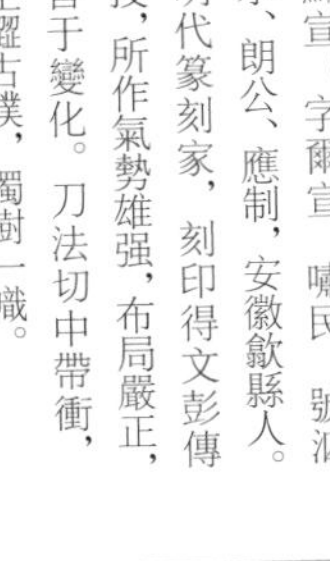

蘇宣：字爾宣、嘯民，號泗水、朗公、應制，安徽歙縣人。明代篆刻家，刻印得文彭傳授，所作氣勢雄强，布局嚴正，善于變化。刀法切中帶衝，生澀古樸，獨樹一幟。

『我思古人』句：語出《詩經·緑衣》。

流風回雪：語出三國魏曹植《洛神賦》。

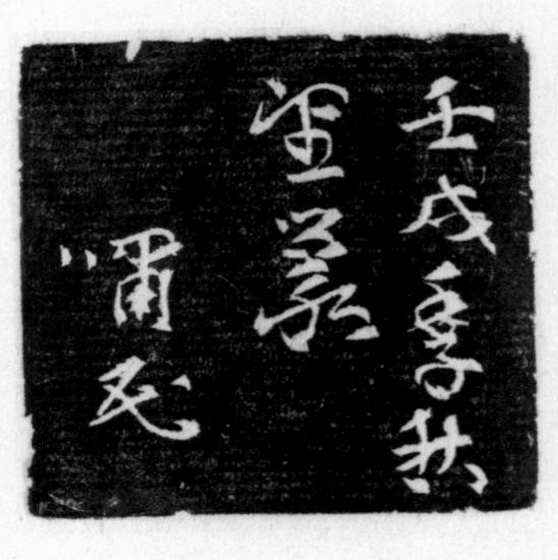

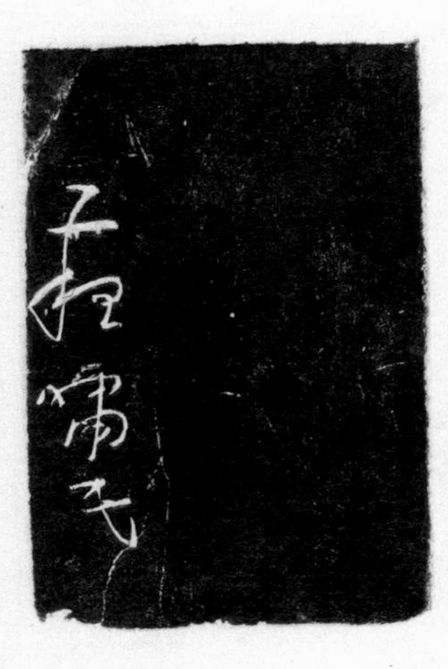

顧林之印

名氏。蘇應制篆。

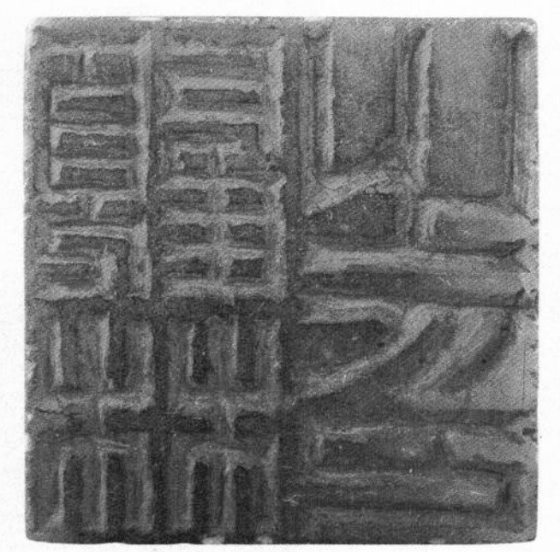

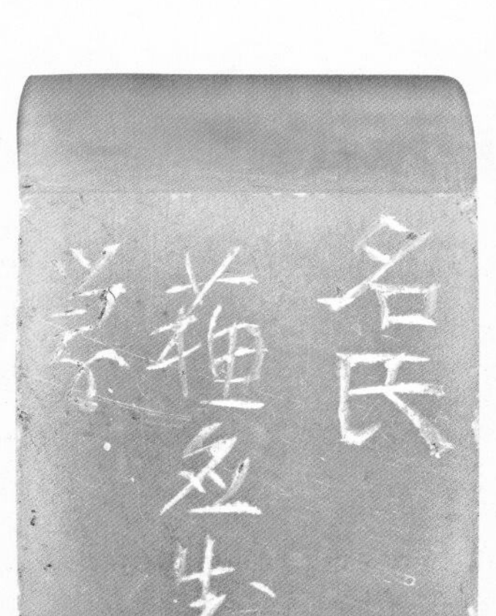

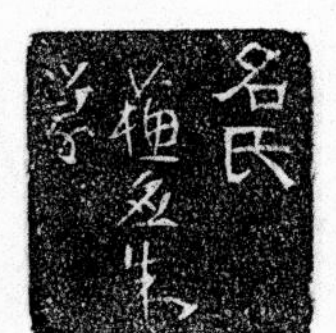

深得酒仙三昧

嘯民。

清機閣

清機閣。應制。

漢留侯裔

漢留侯裔。蘇應制篆。

寥落壺中天

休。

歸昌世：字文休，號假庵，江蘇昆山人。明代書畫家、篆刻家，篆刻脱胎于文彭，善變化布局，自成一格。

寥落壺中天：語出唐代李白《贈饒陽張司户燧》。

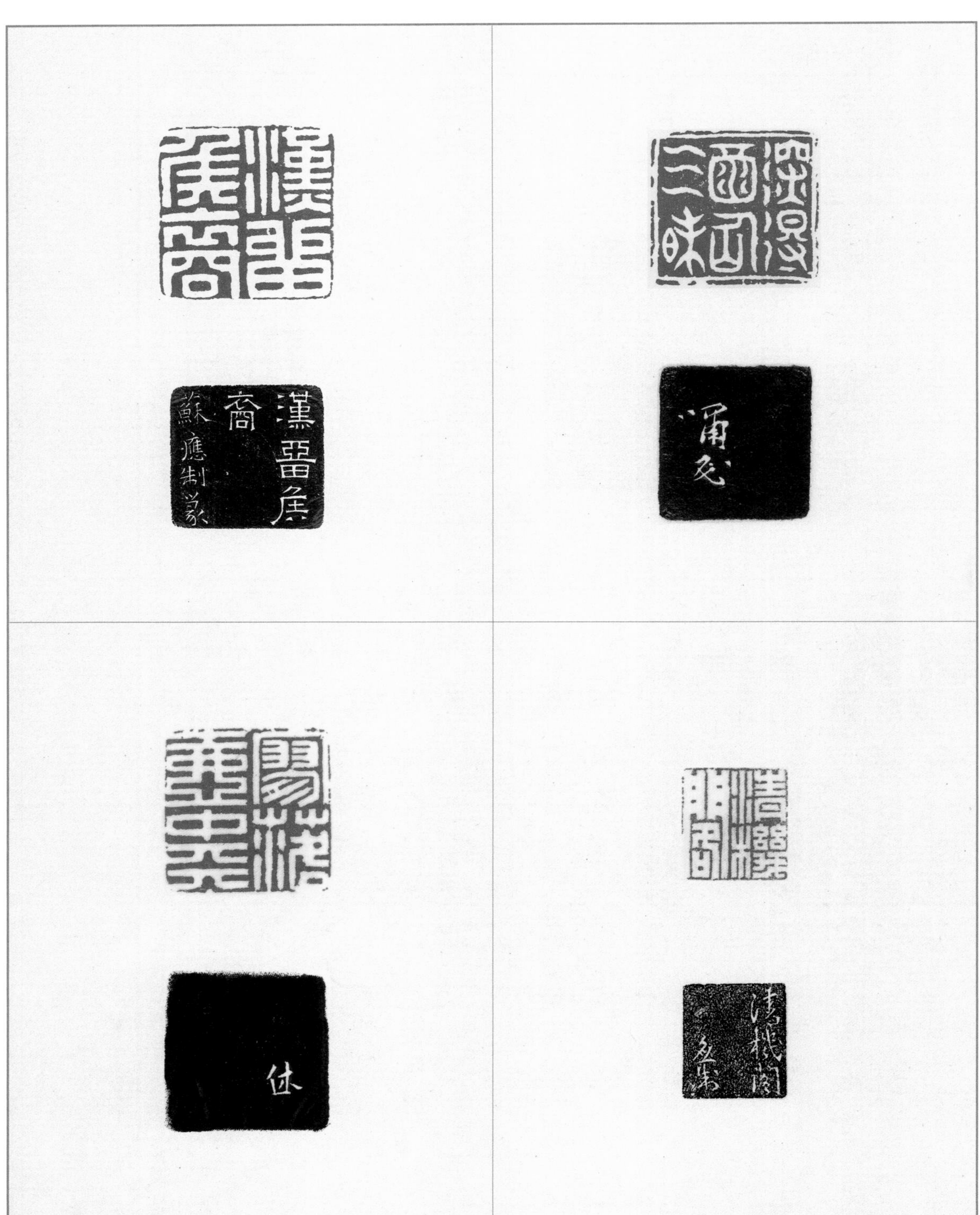

负雅志于高云：語出東晋陶淵明《閑情賦》。

負雅志于高雲

天啓乙丑立秋後二日，爲生生社詞兄作。昌世。

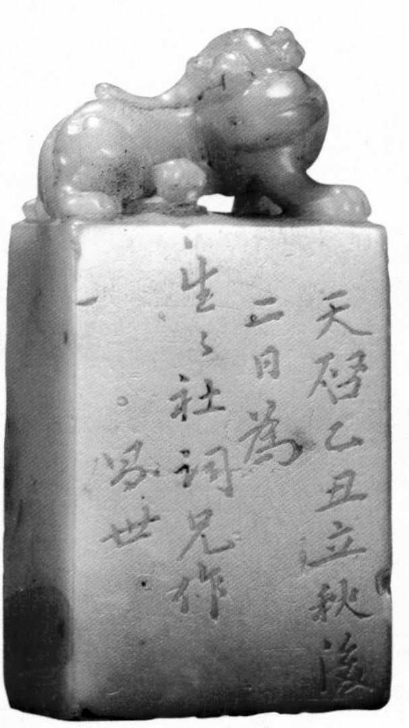

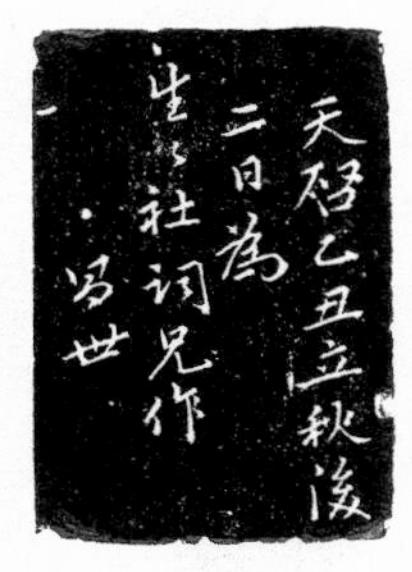

陶庵

平子晋。

問齋

丁未夏日，爲遠老世兄篆。緯宣俞經。

董其昌印

君平。

吴晋：字平子，齋號一硯齋，福建莆田人。清代篆刻家，印文多作小篆，較爲對稱平板，刀法工整。

俞廷諤：初名經，字夔千、緯宣，號葵軒，浙江嘉興人。清代篆刻家，師法徐真木。

錢君平：生平不詳。工篆刻。《傳樸堂藏印菁華》載其篆印一方。

董其昌：字玄宰，號思白，上海人。明末清初著名書畫家，其畫筆致清秀中和、恬情疏曠，其書出入晋唐，自成一家，著有《容臺集》。

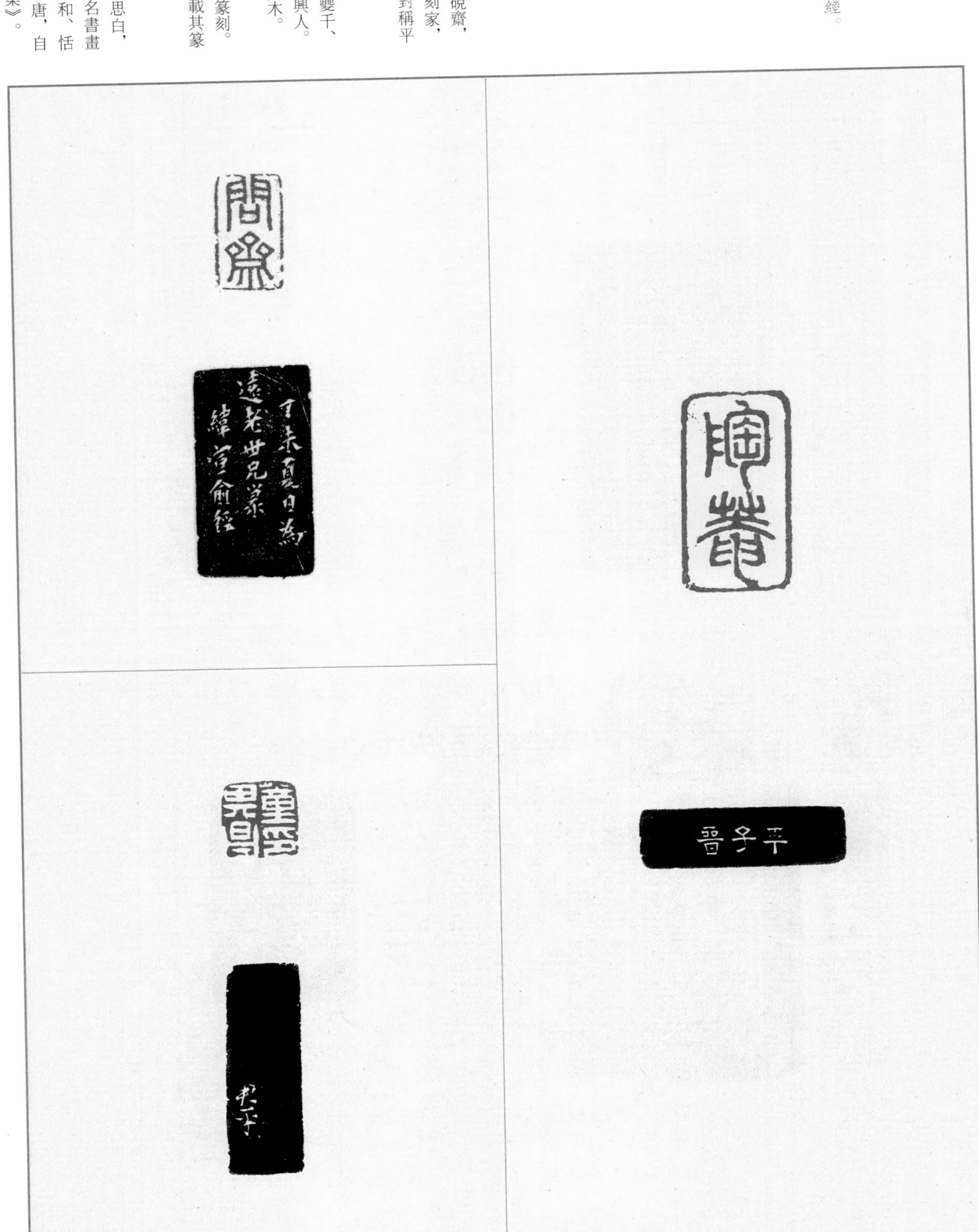

徐東彦：字聖臣，號檀庵道人，浙江嘉興人。明代篆刻家，取法蘇宣，用刀渾樸，布局疏密自然，蒼莽中寓流動感。

紅拂：紅拂女，《虬髯客傳》中主人公之一，本爲楊素府中歌伎，後與李靖夜奔唐營。

虬髯：虬髯客，《虬髯客傳》中主人公之一，與紅拂女、李靖相識，後于扶桑國自立爲帝。

妓逢紅拂客遇虬髯

拙圃檀奴，俠士也。癸未春，下榻于余。時流言交警，聞白下戒嚴，寇氛漸且南渡，慨然有請纓之想，故作此以祈之。徐東彦。

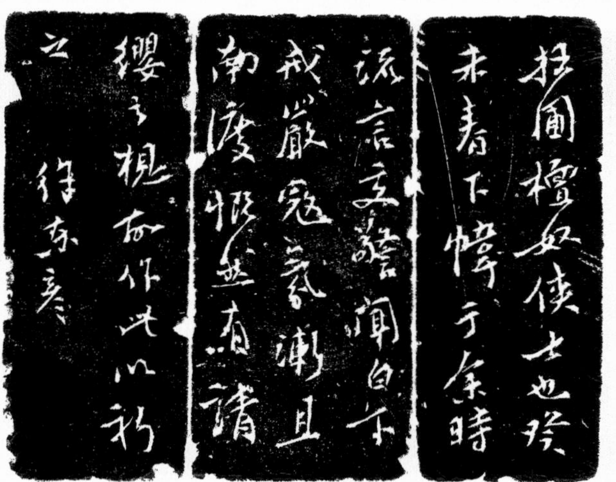

麋公

天啓辛酉秋日，汪關爲陳先生壽。

李宜之印　閔士籍印　李宜之印

汪關：本名東陽，字杲叔，得漢印『汪關』，更此名，更字尹子，齋號寶印齋，安徽歙縣人。明代篆刻家，治印力追漢人，形神盡得。精于衝刀法，所作極規矩工穩，印文恬静秀美。

李宜之：字緇仲，安徽歙縣人。李名芳子，流芳侄。

『往事勿追』句：語出唐代白居易《有感》。

往事勿追思追思多悲愴

汪。

恣慵所

汪尹子。

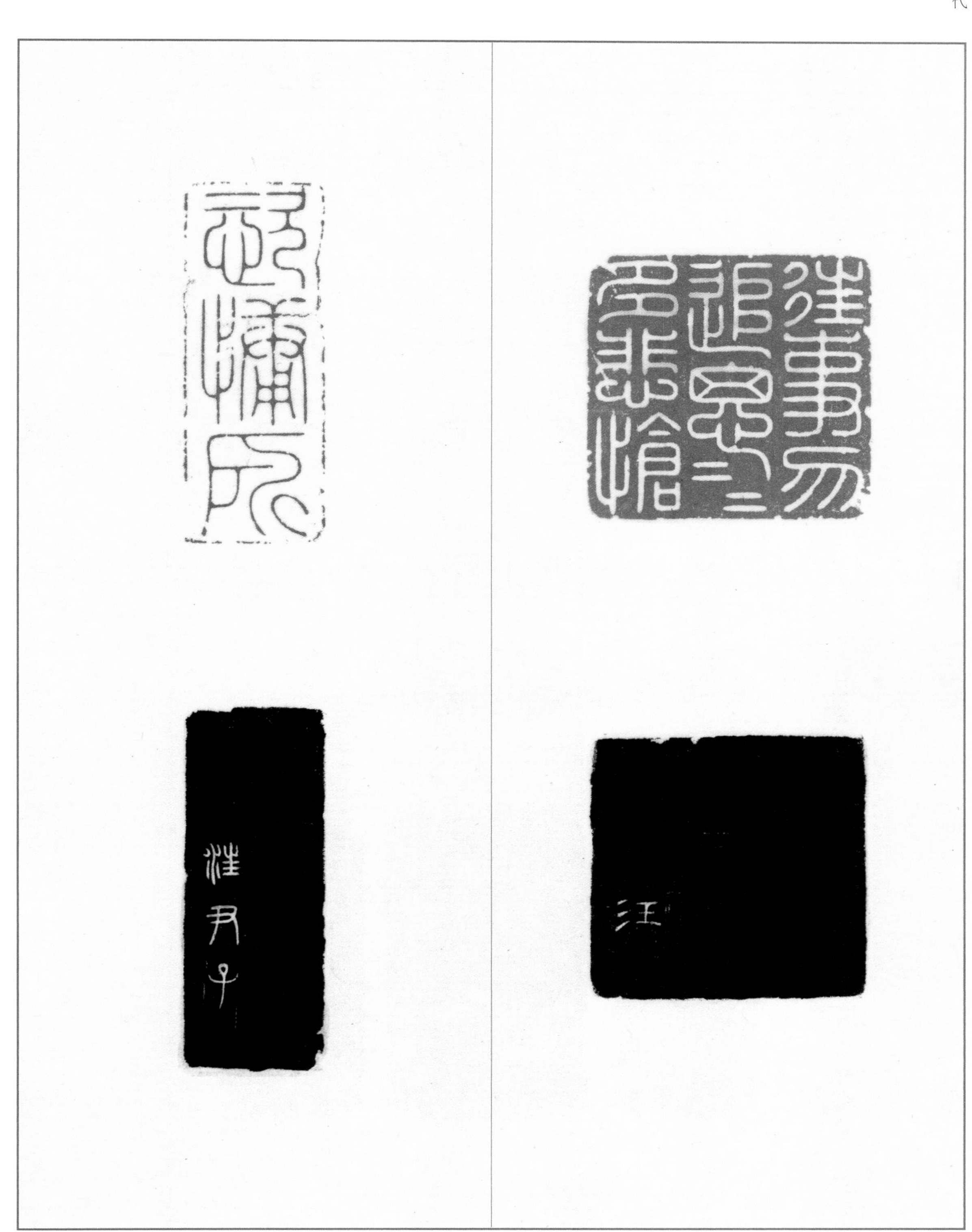

梧雨軒　歸奉世印　汪鏊之印

東山草堂珍玩

文壽承氏篆刻『畫隱』二字，胡可復得于江陰之貫肆中。刀文遒勁古雅，直逼兩漢。乃復命予作『東山草堂』于其一面。予慚手腕遠不及壽承，而與之并列，不幾東施愁乎？然想游刃之時，距今且四十載，而使予得學步後塵，亦奇遘也。丙申秋日，千秋梁袠紀事。

梁袠：字千秋，江蘇揚州人。明代篆刻家，師法何震，形神畢肖。

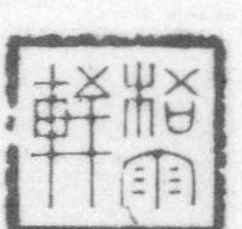

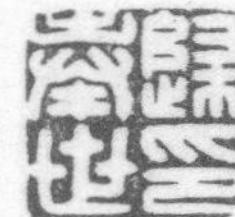

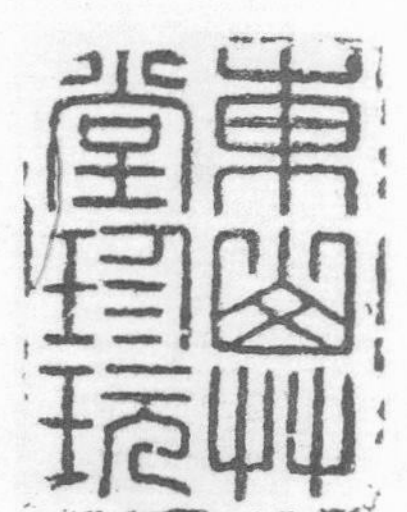

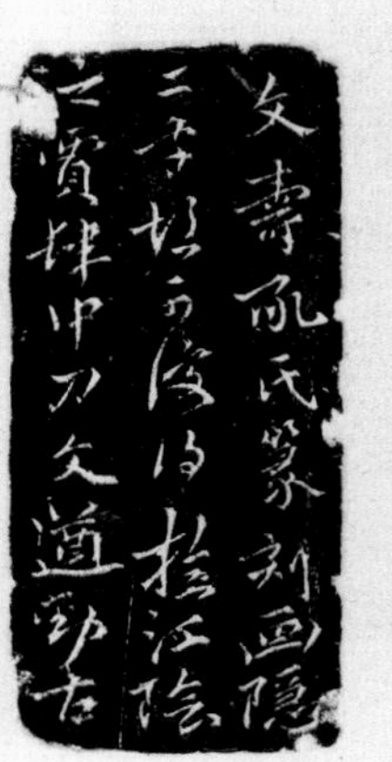

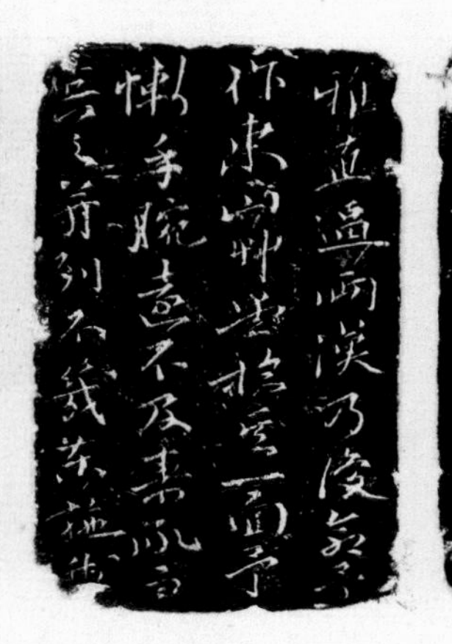

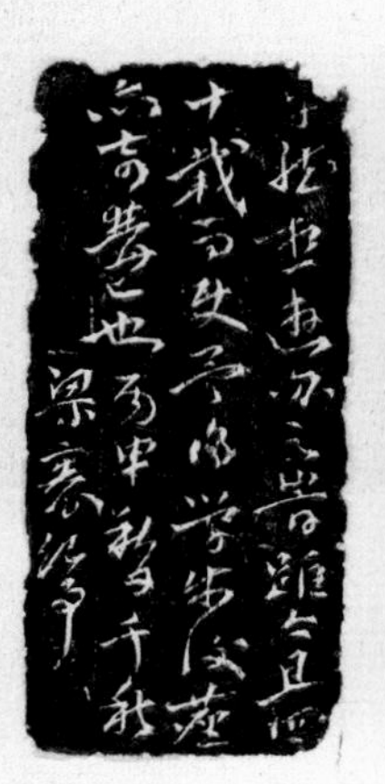

風流自賞

甲辰七月，坐雨窗作，取大方之笑云。千秋。

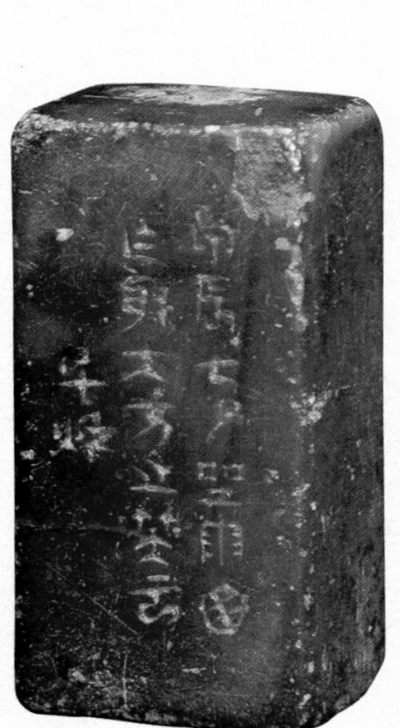

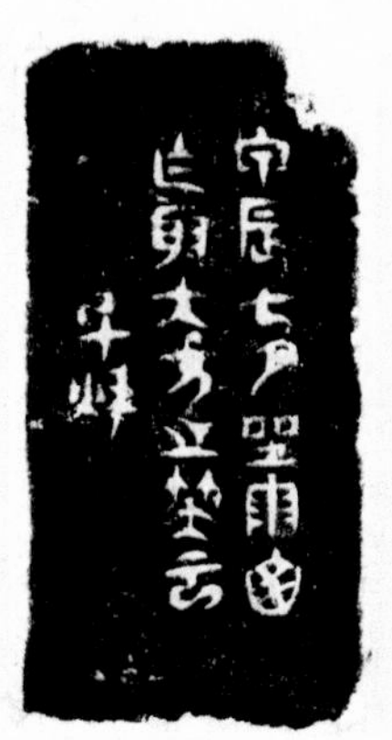

玄州道人　鳳皇臺客

大隱堂　折芳馨兮遺所思

『折芳』句：語出戰國楚屈原《九歌·山鬼》。

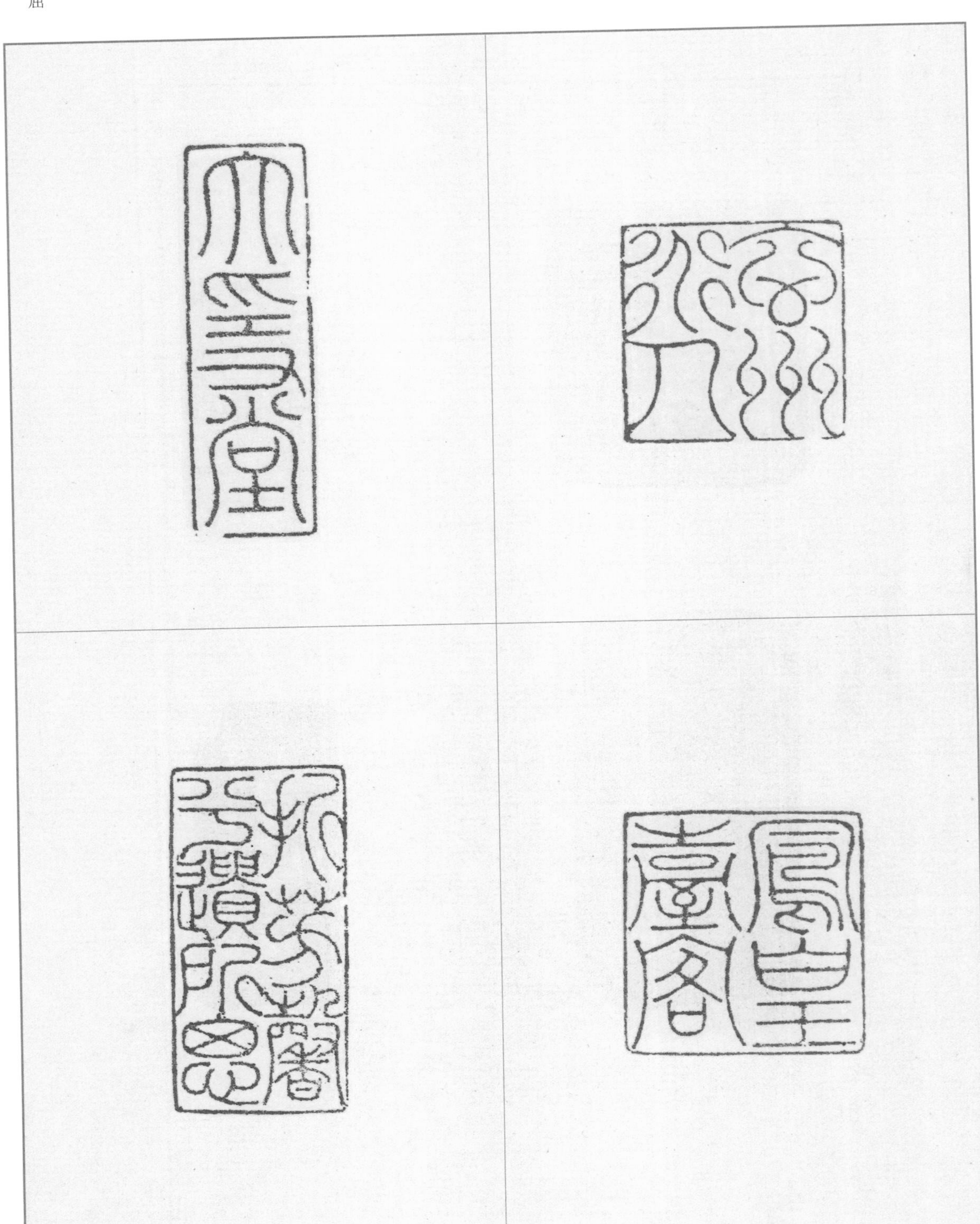

梁年：字大年，江蘇揚州人。明代篆刻家，梁袠弟，每刻一印，必精思，所鐫皆有筆意。

蘭雪堂　延賞樓圖書印

食筍齋

梁年製

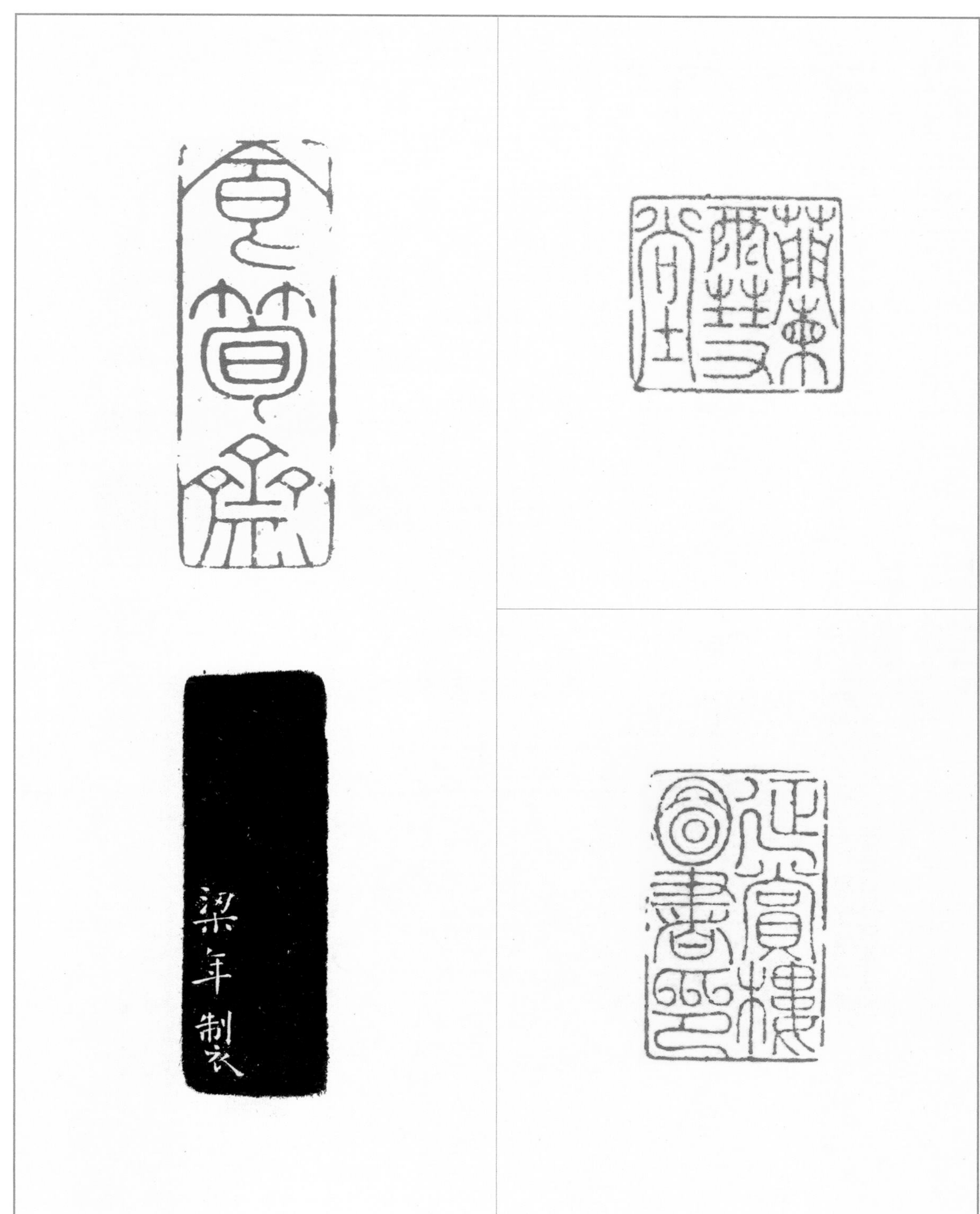

茂昉私印

江濯之篆。

茂昉之印・朱子葆

江濯之。

餐英館

戊辰新夏，刻于龍泓書屋。丁良卯。

江皜臣：字濯之，號漢臣，江西婺源人。明代篆刻家，尤精刻晶玉印。取法古人，善運己意，用刀取勢自然，所作迥异時俗，爲時所重。

丁良卯：字秋平，號秋室、月居士，浙江杭州人。清代篆刻家，篆刻得力于宋元，朱文喜用小篆，圓轉自如，遒勁秀雅，自成面目。

茂昉：朱茂昉，字子葆，浙江嘉興人。明太學生，朱彝尊從叔。

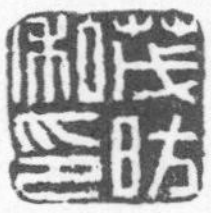

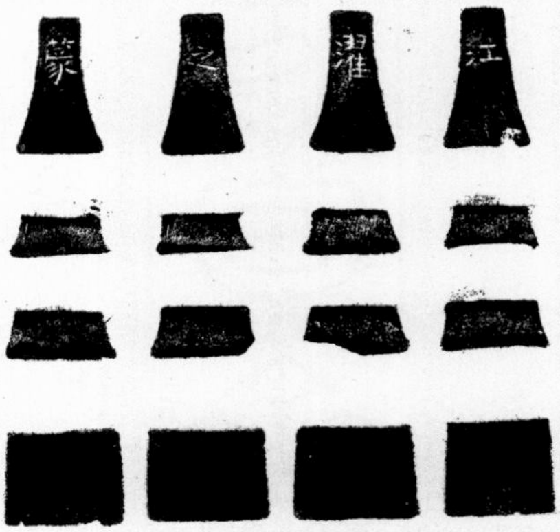

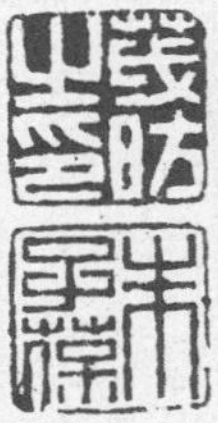

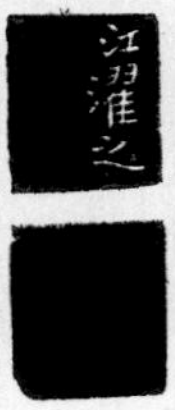

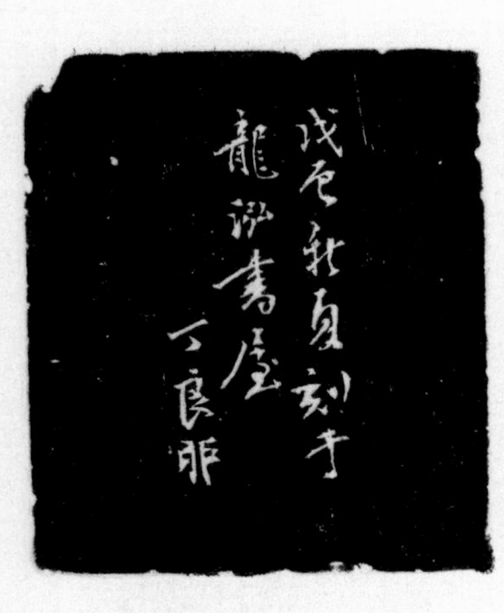

程邃：字穆倩，號垢道人，安徽歙縣人。清代篆刻家，篆刻效法秦漢，首創朱文仿秦小印，所作淳古蒼雅，章法嚴謹，筆意奇古。

師儉堂

丙戌小春刻于南樓北，公華社長兄正之。丁良卯。

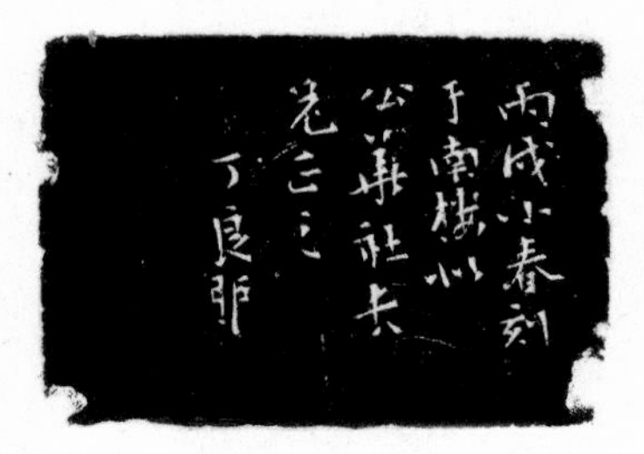

蟺藻閣

元諒先生索篆，久而未應。適得佳石，作此呈上，求教正。庚戌十月，程邃。

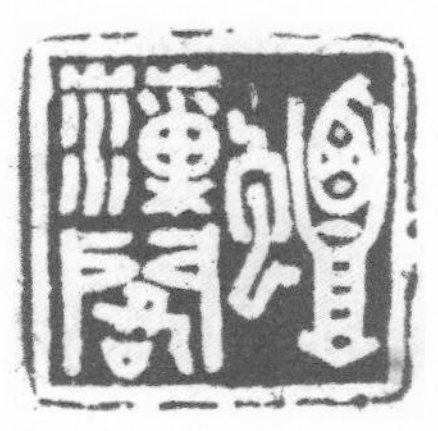

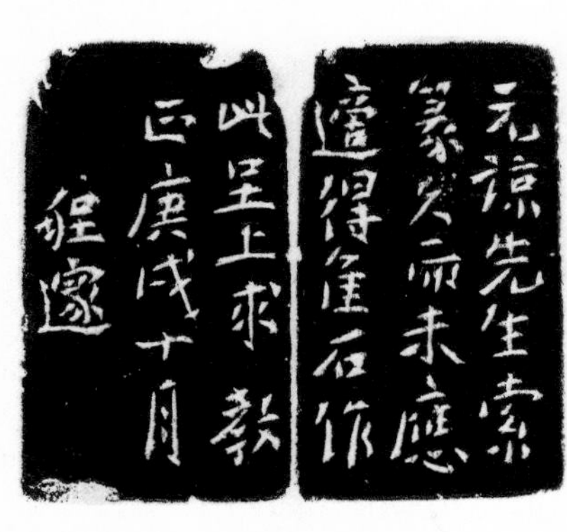

竹籬茅舍

程邃。

慕倩臨摹書畫

學以自隱無名爲務

少壯三好音律書酒

垢道人程邃。

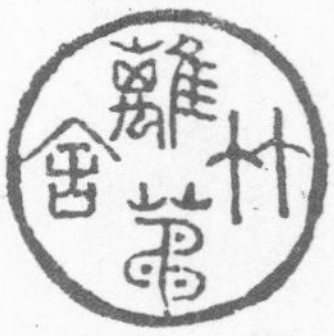

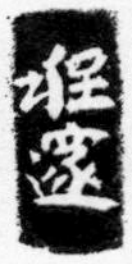

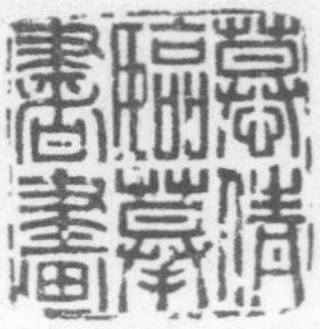

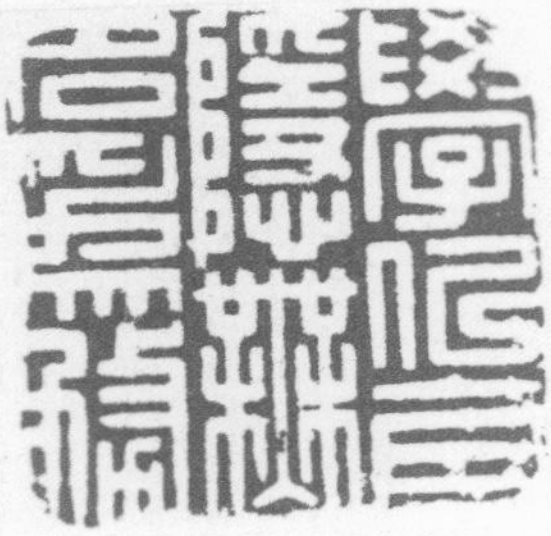

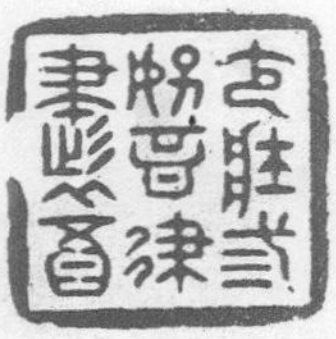

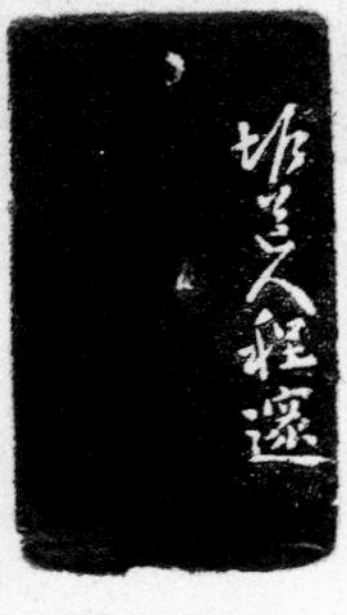

卓犖觀群書

垢道人。

卓犖觀群書：語出西晉左思《咏史》。

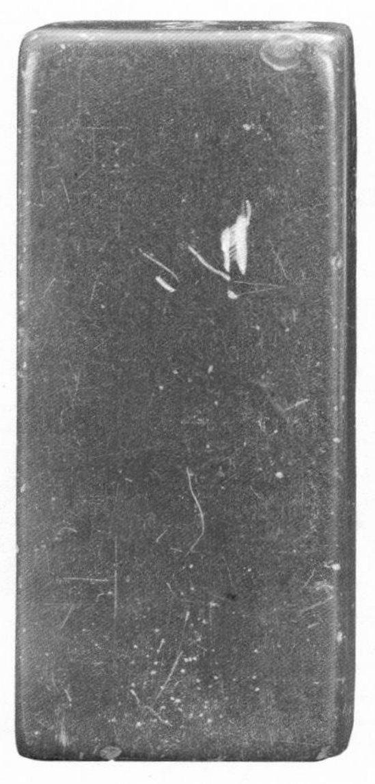

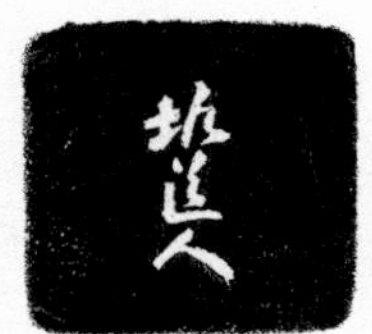

程邃

茶熟香温且自看

垢道人。

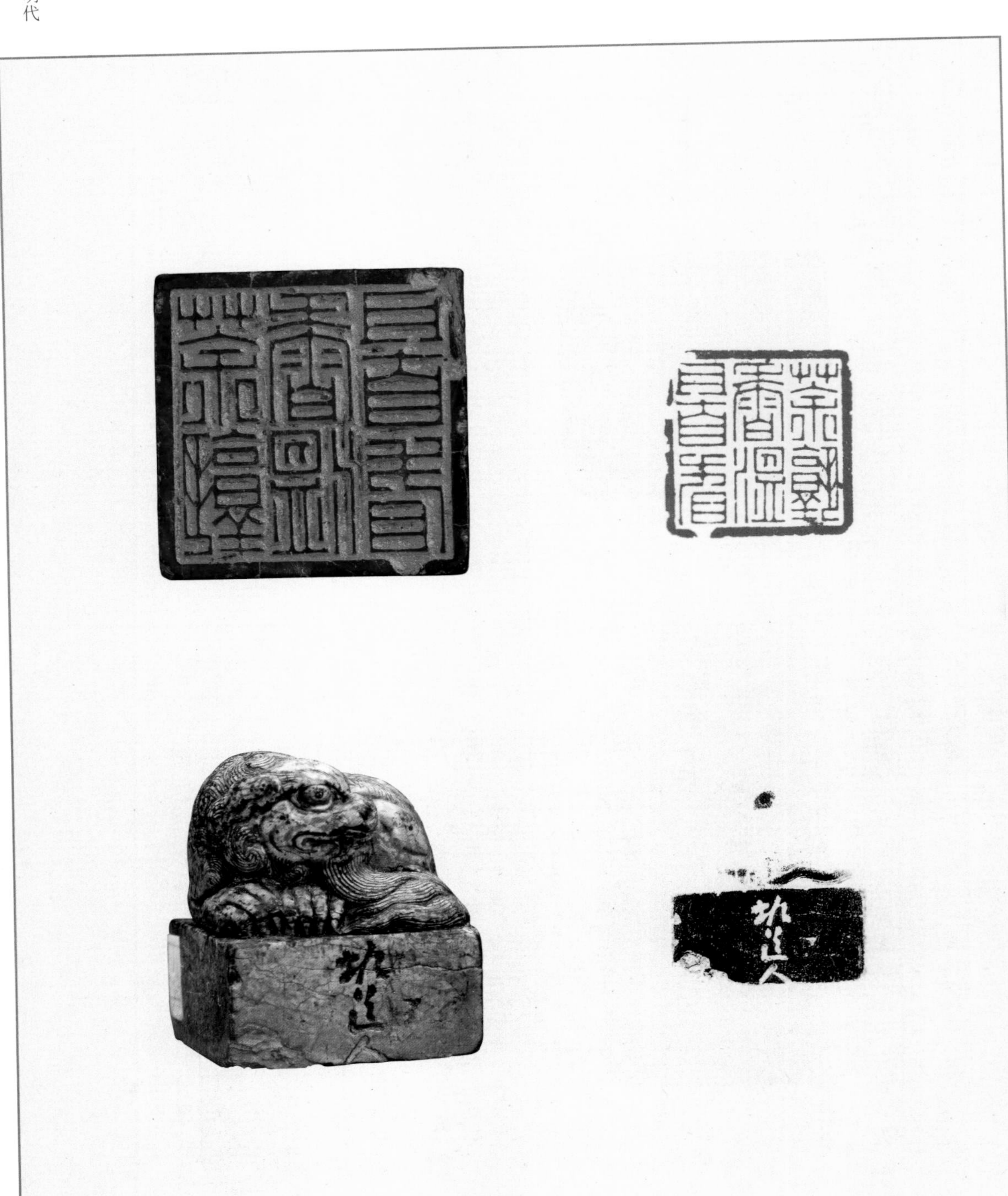

茶熟香温且自看：語出明代李日華《題畫》。

傅山：初名鼎臣，字青竹、青主，號嗇廬、朱衣道人，山西太原人。清代書畫家、醫學家，書法得趙、董法，兼善分隸書及金石篆刻。

汪泓：字弘度，安徽歙縣人。清代篆刻家，汪關子，承家學，所作俊爽安詳，饒有雍容華貴氣象。

歌舞教成身已老：化用唐代白居易《感故張僕射諸妓》「歌舞教成心力盡」句。

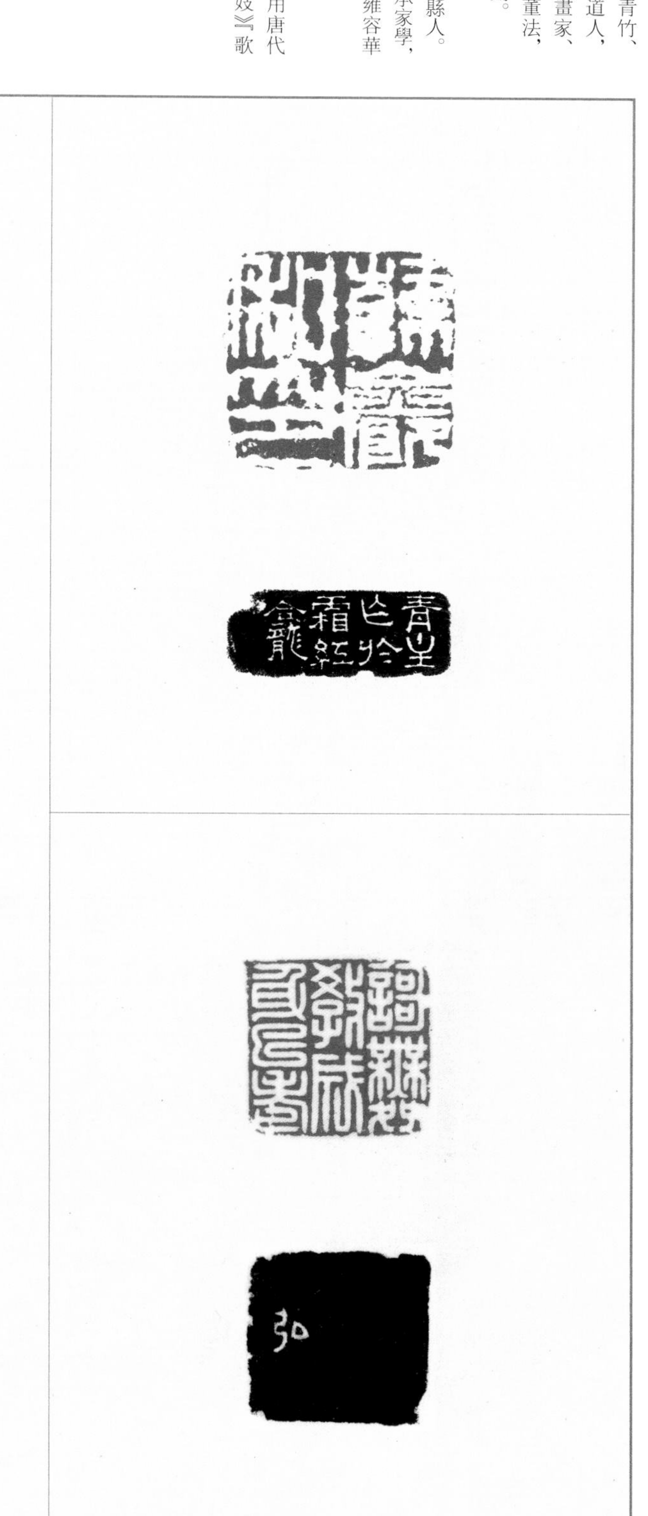

韓岩私印

青主作于霜紅龕。

歌舞教成身已老

弘。

古照堂

弘度。

江湖滿地一漁翁

弘。

復光・厚燧之章

康熙甲辰三月，師黃製。

陳玉石：本姓陸，字師黃，號方山子，浙江平湖人。清代書法家、篆刻家，所刻印章，必深別其底，光滑如鏡乃止。

江湖滿地一漁翁：語出唐代杜甫《秋興八首》。

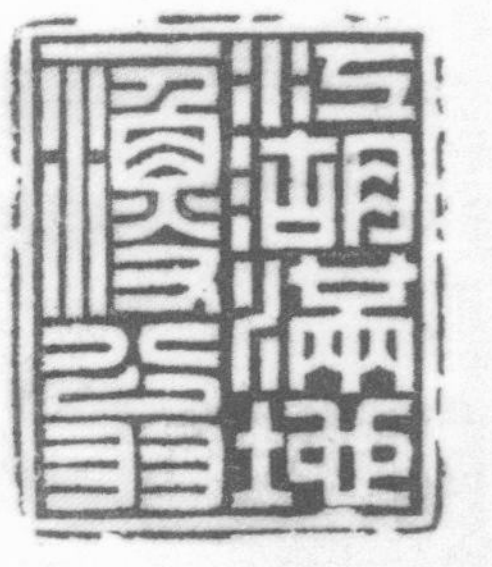

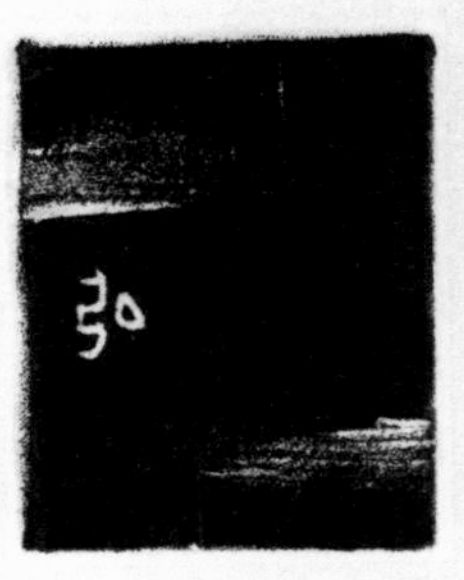

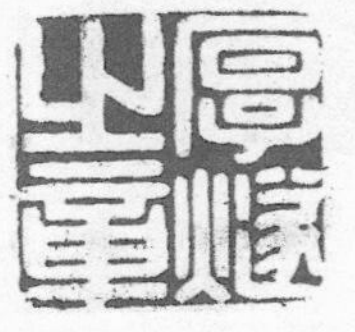

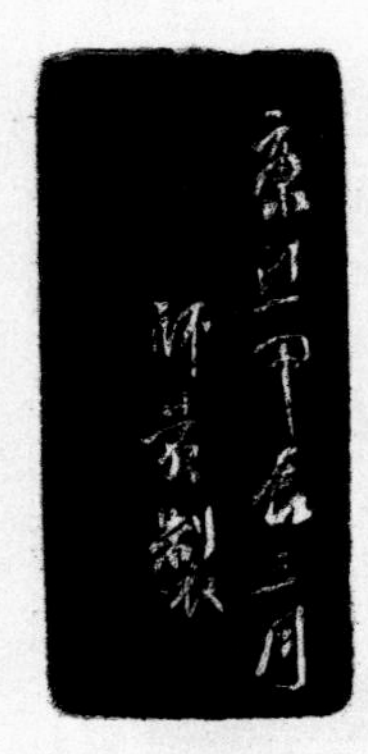

徐貞木：字士白，號白榆，自署真木，齋號懷古堂、對山草堂，浙江嘉興人。清代篆刻家，治印宗漢人，旁參宋元，所刻細白文得力于漢玉印，朱文喜愛粗文細邊。布局得古人心畫，用刀亦衝亦切，生動活潑。

八面四套印
東山草堂（第一層）
梅溪別業・三拜軒・忘憂館・鄭氏真賞・其狂不可及（第二層）
半日村（第三層）
林宗（第四層）
康熙元年七月廿二日，爲東儀社翁刻。流寓徐貞木。

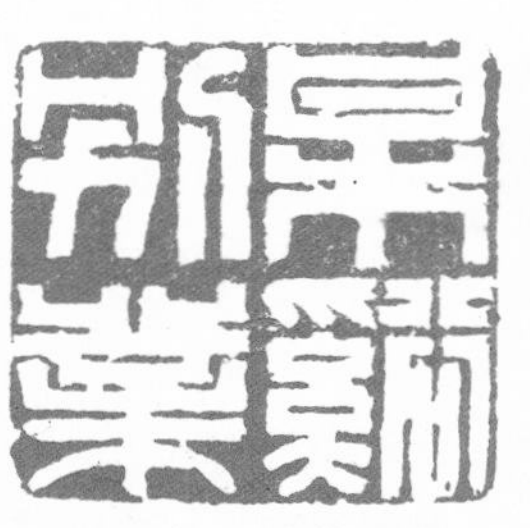

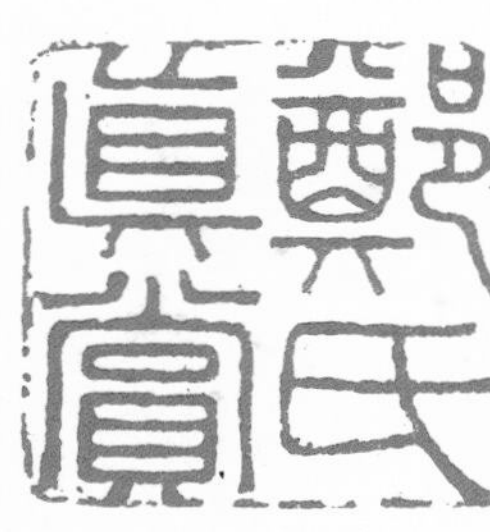

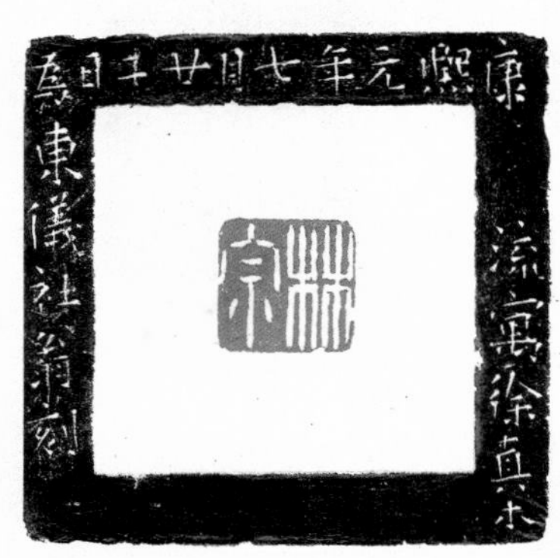

和順英華

處世君子能承聖人之道，隱德于中，流芳于外，故《記》云『和順積中，英華發外』，此之謂歟？顧苓篆并識。

顧苓：字雲美、員美，號塔影園客、荆蠻、濁齋居士，江蘇蘇州人。清代篆刻家，取法文彭，工隸書，取法《夏承碑》。

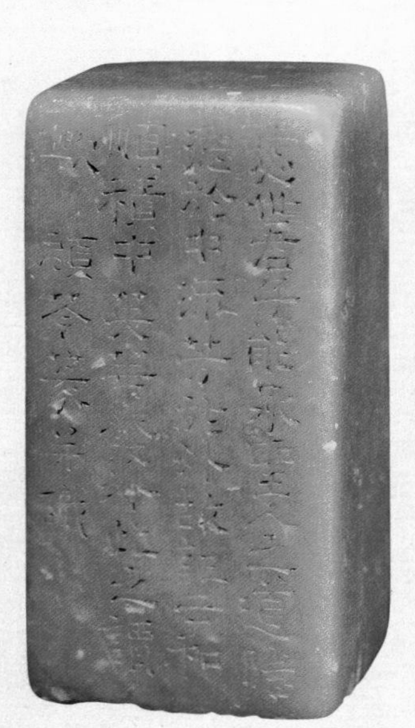

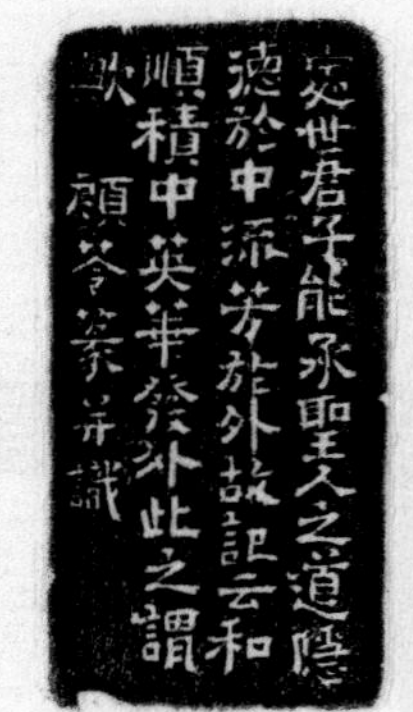

呂留良：字莊生、用晦，號晚村、耻翁，浙江桐鄉人。明末清初杰出的學者、思想家、文學家，著有《呂晚村先生文集》。

程以辛：字萬斯，安徽歙縣人。程邃次子，工篆刻。

徐寅：字虎臣，浙江嘉興人。徐貞木子，工篆刻。

傳是樓

苓。

耻齋

孔顏樂處

程以辛。

玉玲瓏閣平安

程以辛作。

陳遇麒印・省峰

徐寅。

白癡道人

癸亥冬，爲君蘭詞丈。洪昇。

張在辛卯君氏

碧雲館

林皋。

洪昇：字昉思，號稗畦、稗村、南屏樵者，浙江杭州人。清代文學家，刻印宗法漢人，布局平整穩適，用刀生辣挺拔，頗具爽利之趣。

張在辛：字卯君、兔公、子輿，號柏庭、白亭、卯丈人，山東安丘人。清代書法家、篆刻家，篆刻宗法秦漢，旁及前輩諸家，參以己法，用刀穩健，或衝或切，布局工秀，面目多樣，自成一家。

林皋：字鶴田、鶴顛、學恬，福建莆田人。清代篆刻家，篆刻宗法文彭，復取法沈世和。所作工穩、秀雅、嚴謹，爲時所重。

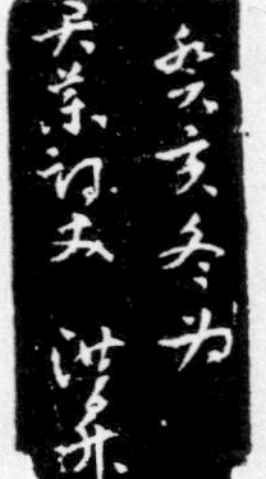

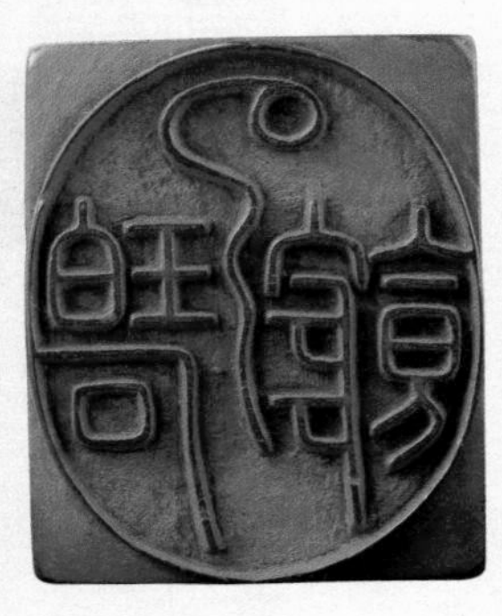

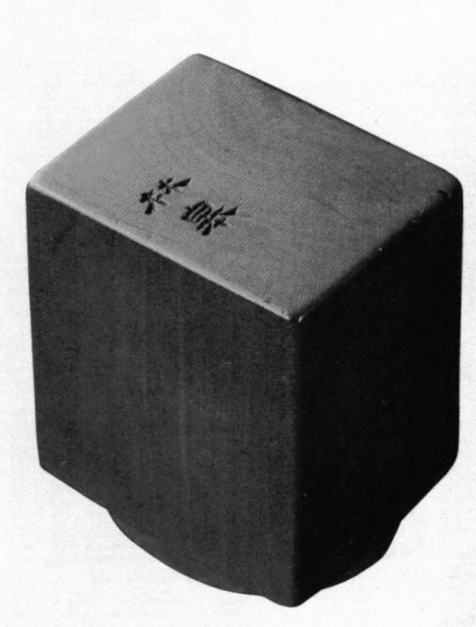

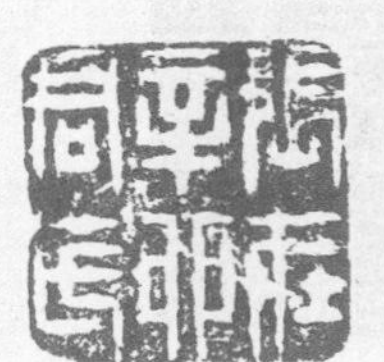

沈鳳：字凡民，號補羅，江蘇江陰人。治印宗法秦漢，布局活潑多變，奏刀衝切并用，印風蒼勁渾穆。

百年遺稿天留在：語出金代元好問《自題中州集後五首》。

杏花春雨江南：語出元代虞集《風入松・寄柯敬仲》。

烟霞鑄瘦容

百年遺稿天留在

杏花春雨江南

復堂

補羅外史沈鳳鐫于昭陽。

潘西鳳

潘西鳳：字桐岡，號老桐，浙江紹興人。清代篆刻家，精刻竹，兼治竹印，布局應變出于真率，刀法尚健，印風工秀。

二十八宿羅心胸：語出唐代李賀《高軒過》。

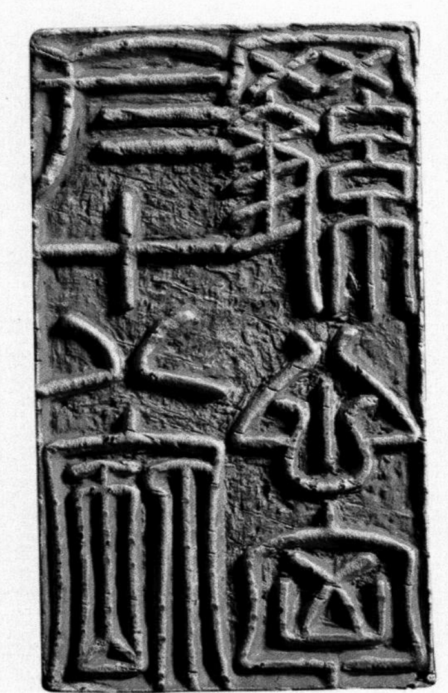

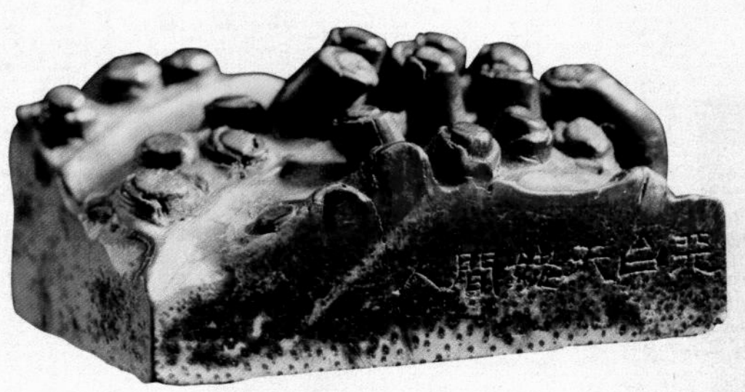

周芷嵒：周顥，字晋瞻，號芷岩、雪樵、堯峰山人、髯痴，上海人。清代篆刻家，篆刻工整秀雅，宗法秦漢，兼參文、何。

知余懶是真：語出唐代杜甫《漫成二首》。

福不可極留有餘

西鳳。

畫禪

丙子秋日篆。桐崗。

知余懶是真

周芷嵒作。

開卷一樂

露浥秋姿膩，風回宮袂涼。無緣被春色，
猶得向秋陽。芷嵒鐫。

金氏壽門

近人。

復堂

汪士慎：字僅誠、近人、近仁，號巢林、溪東外史，安徽休寧人。清代書畫家，揚州八怪之一，篆刻多取法小篆，工穩而富變化，與高翔、丁敬齊名。

李鱓：字宗揚，號復堂、懊道人，江蘇揚州人。清代書畫家，揚州八怪之一，本譜所録爲李鱓自用印，不知何人所刻。

金壽門：金農，字壽門，號冬心先生，浙江杭州人。清代書畫家，揚州八怪之一，工詩文，書法開漆書一脈，精于鑒別，善用淡墨乾筆作花卉小品，尤工畫梅。

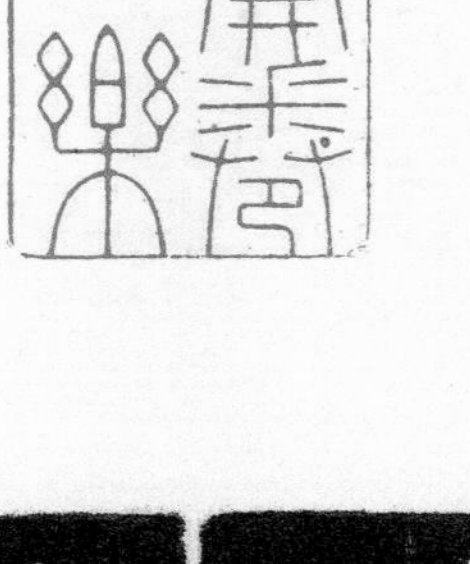

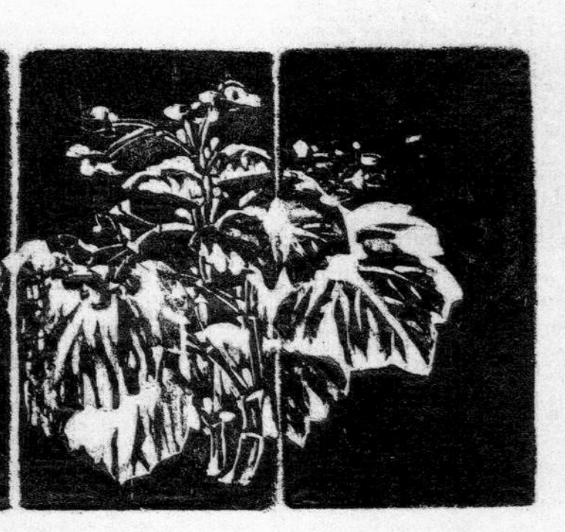

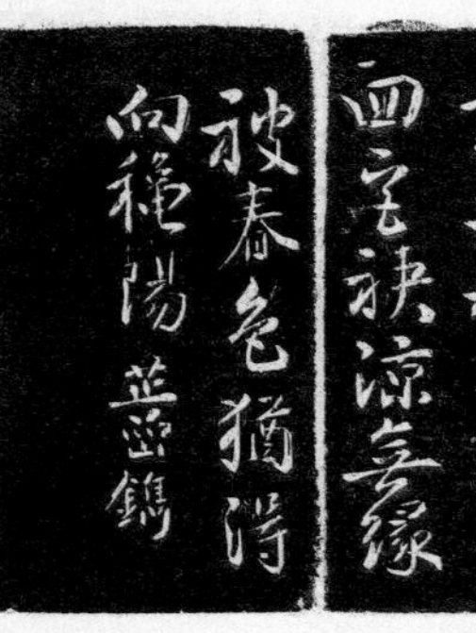

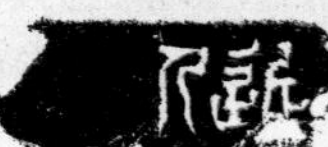

仙館詞臣

姜若彤。

能事不受相迫促

志霄唐材作。

蔬香果緑之軒

丙申清和月作。西唐。

姜煒：字若彤，江蘇南京人。清代篆刻家，摹印規模自先秦兩漢而下，靡不肆力焉。

唐材：字志霄，號半壑，上海人。清代篆刻家，得陳浩傳授，博考篆隸及秦漢、唐宋以來古印譜，考析其源流。

高翔：字鳳崗、鳳岡，號西塘、西唐、西堂、樨堂，江蘇揚州人。清代畫家，揚州八怪之一，篆刻師法程邃，所作蒼勁挺拔、蘊藉樸茂，以腕力取勝。

能事不受相迫促：語出唐代杜甫《戲題王宰畫山水圖歌》。

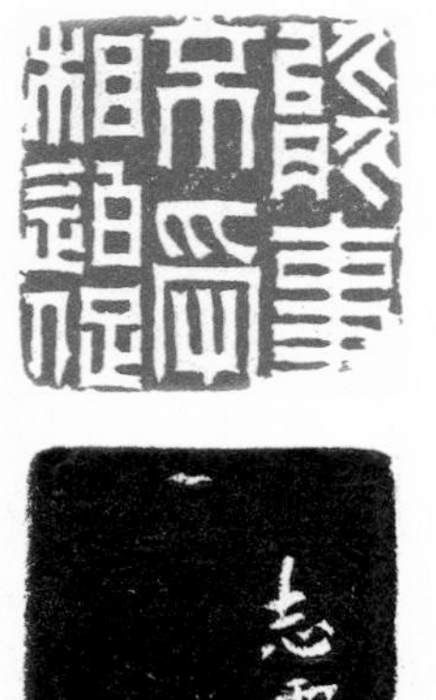

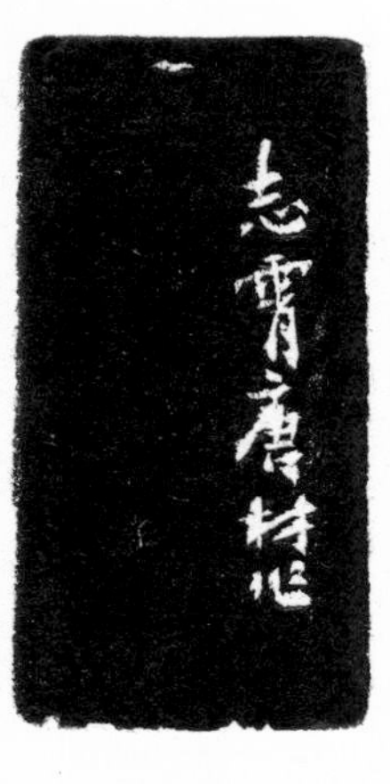

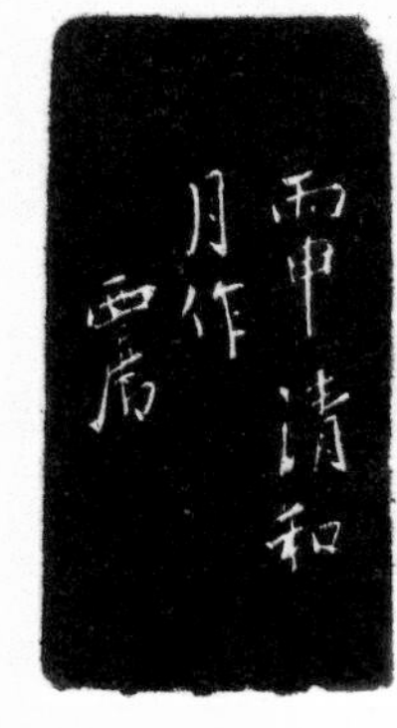

士慎

西唐作。

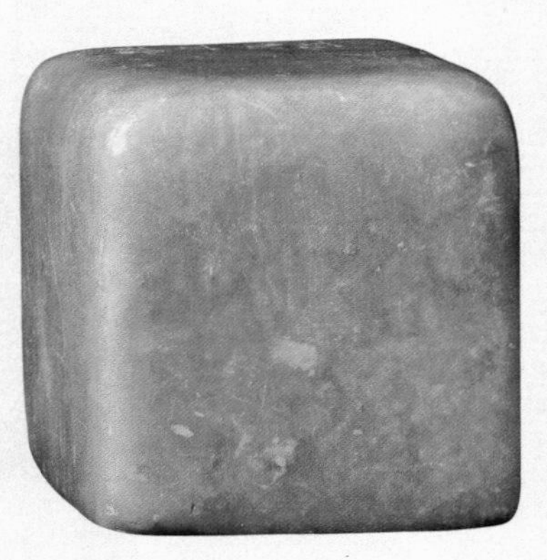

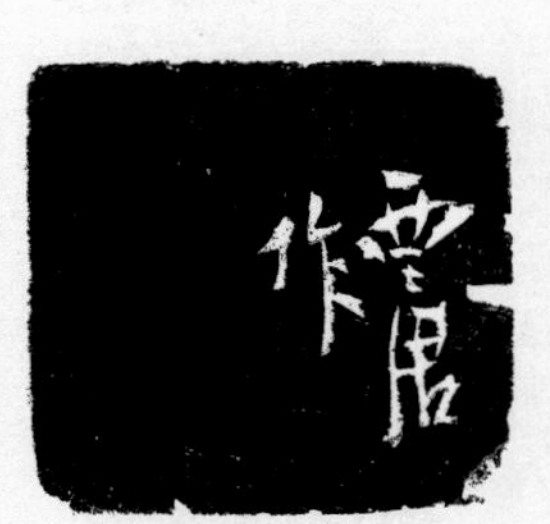

半畝園林數尺堂：語出南宋周必大《南園築小堂鄰里侯陽獻上梁文戲成小詩記實解》。

半畝園林數尺堂

平園叟句，爲柳窗二兄先生篆于邗上之交翠軒。西唐弟翔

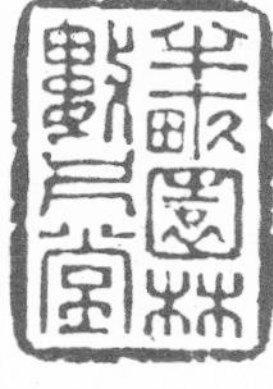

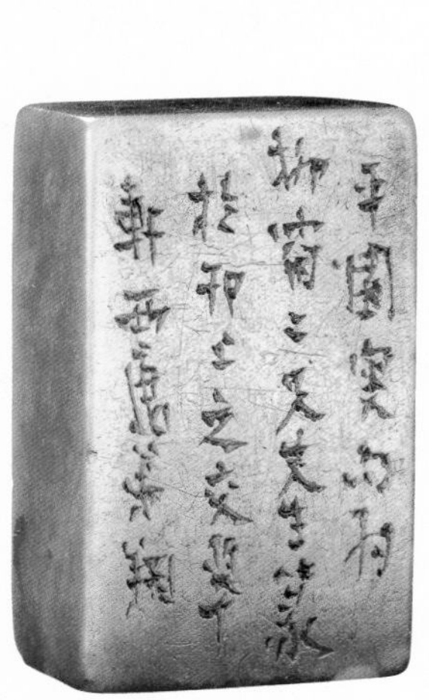

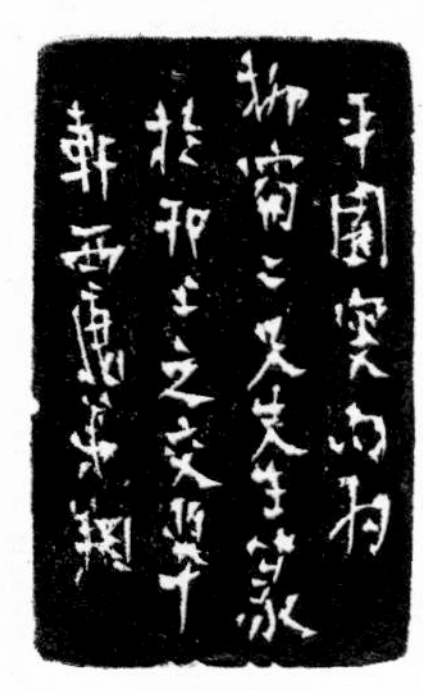

雪鴻亭長

雲鳥紀官之遺。荔亭兄以賢關宰署四巡篆，冬寒銜命，所至哀鴻，補救有方，皆獲安堵。奔波之餘，商及印事，爲鐫此四字概之。弟翰頓首。乾隆丙辰冬十二月製。白龍川長藏印。

高鳳翰

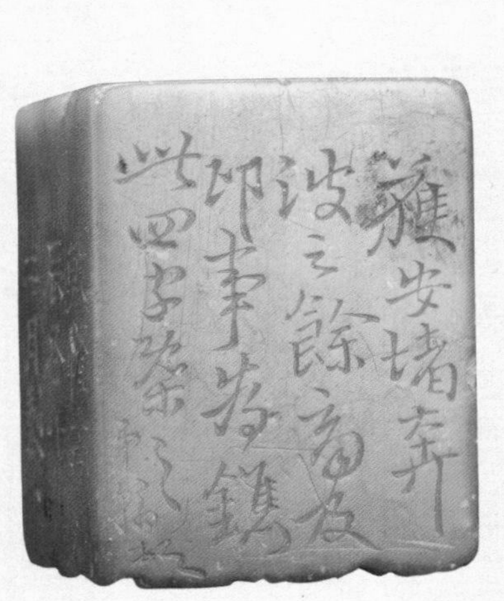

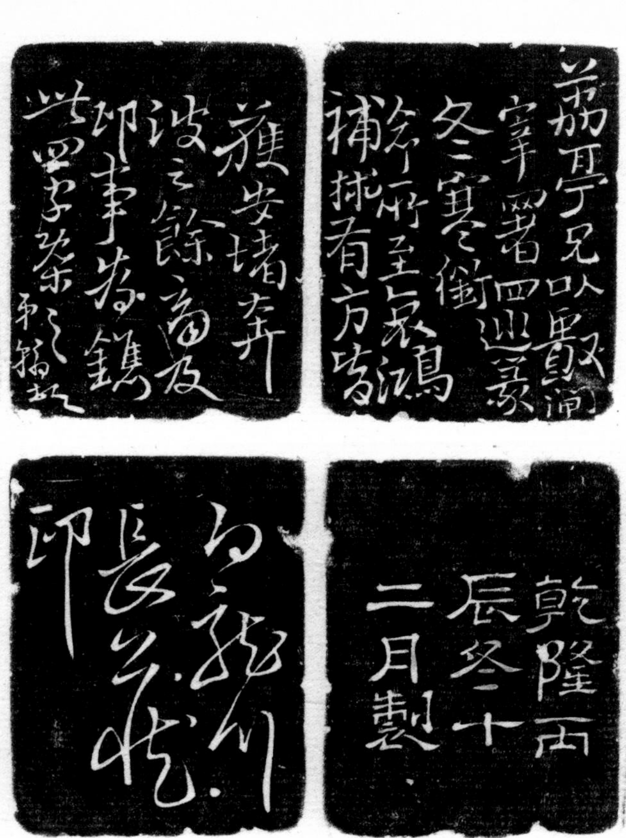

咸正堂

丁巳季秋，爲子修先生篆。筠谷謙。

萬沛澂印

丙辰秋日作，似芝翁先生。潘封。

文耀・頌侯

頌侯屬。高積厚刻于我娱齋。

樾林玩

吳青震仿陽冰篆意，松雪刀法。時己卯三月朔。

楊謙：字筠谷，一字炳南，號吉人，上海人。清代篆刻家，得文彭、汪關法，尤擅牙竹印。

潘封：字小桐，浙江紹興人。清代篆刻家，潘西鳳子，能傳家學。工刻竹，擅治印。亦善刻竹根印。

高積厚：字淳夫，浙江杭州人。清代篆刻家，推崇何震，著有《印述》《印辨》凡數千言，又有摹印行世。

吳青震：字蒼雷，齋號斯翼堂，浙江嘉興人。清代篆刻家，著有《印始》四卷。

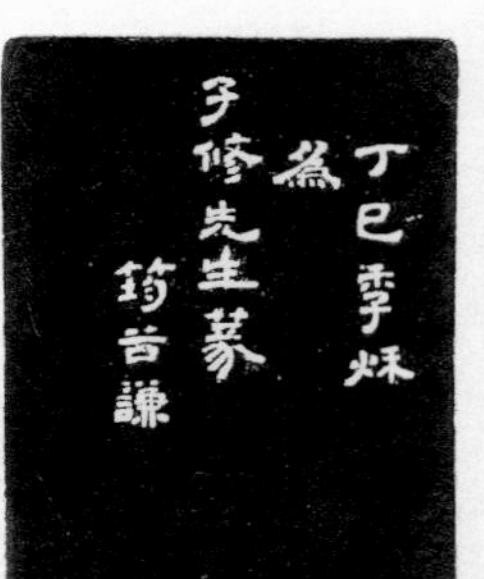

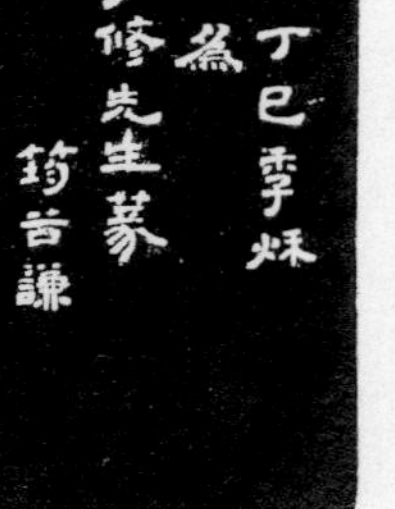

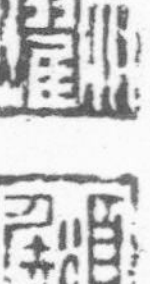

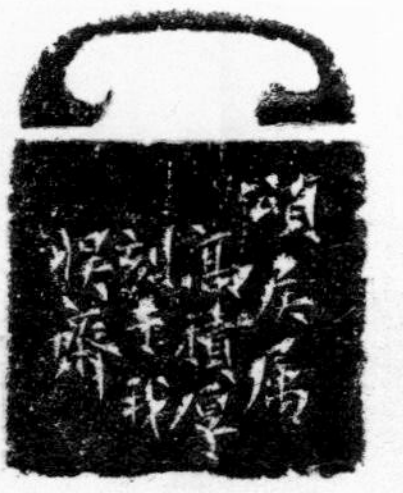

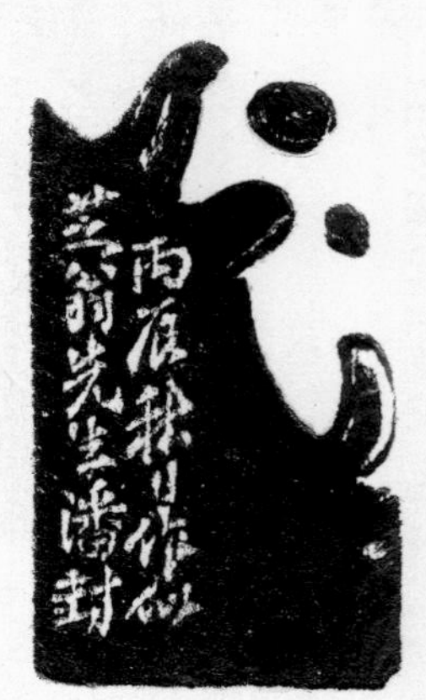

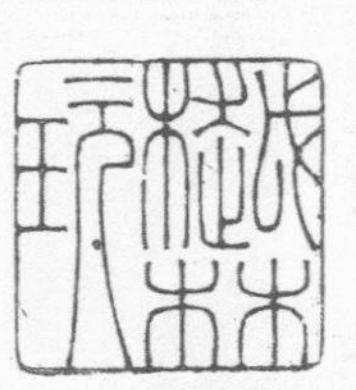

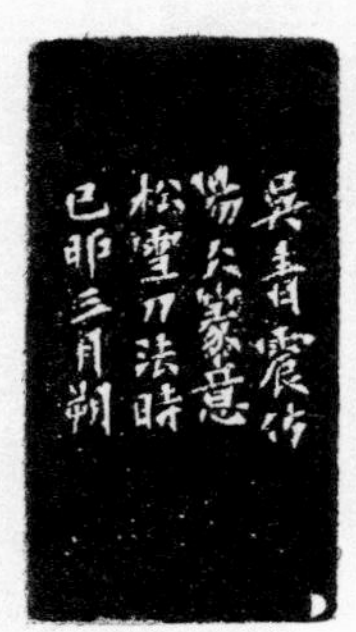

釋明中：俗名施演中，字大恒，號芡虛、嘯崖，浙江桐鄉人。清代畫家，寄意篆刻，晚年主杭州聖因寺、净慈寺。

鞠履厚：字坤皋，號樵霞，上海人。清代篆刻家，篆刻師事王睿章，所刻印秀潤温文，整潔雅静。

天涯何處無芳草：語出北宋蘇軾《蝶戀花·春景》。

晴窗一日幾回看：化用北宋黄庭堅《題劉氏所藏展子虔感應觀音二首》其一『常恐花飛蝴蝶散，明窗一日百回看』句。

只可自怡悅：語出南朝梁陶弘景《詔問山中所有賦詩以答》。

天涯何處無芳草

芡虛製于聖因禪寺。

晴窗一日幾回看

紅豆山房校正善本

只可自怡悅

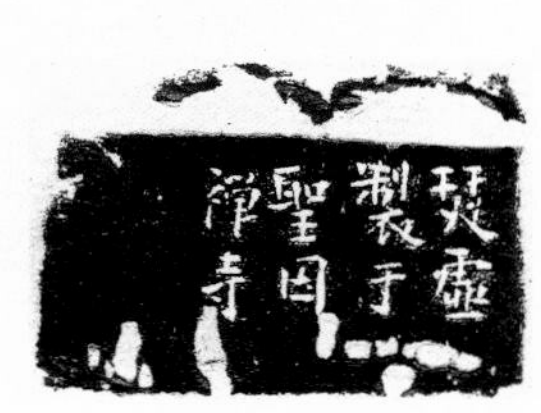

開卷有益沈皋藏書

一草主人篆于石齋。

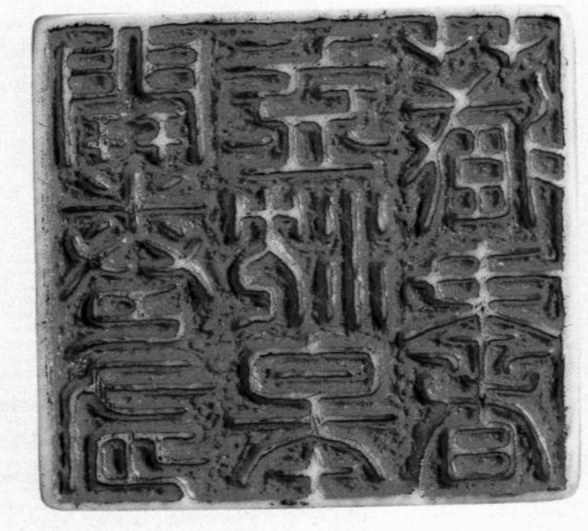

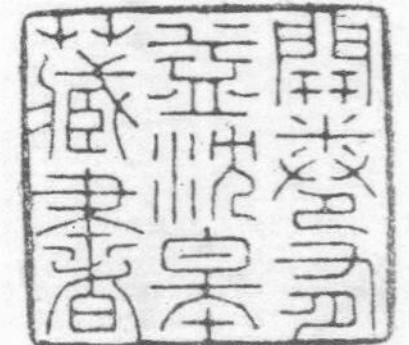

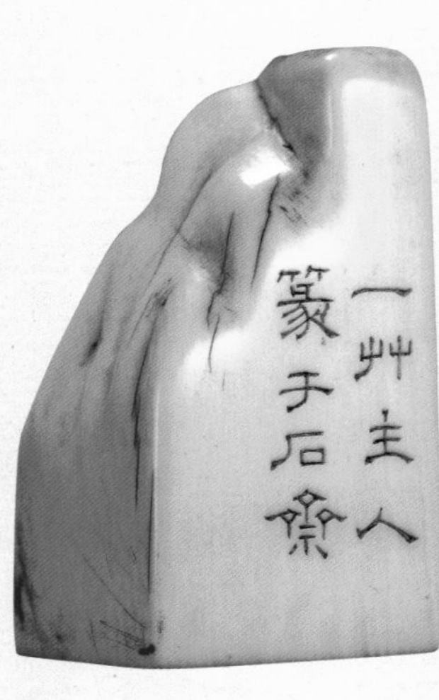

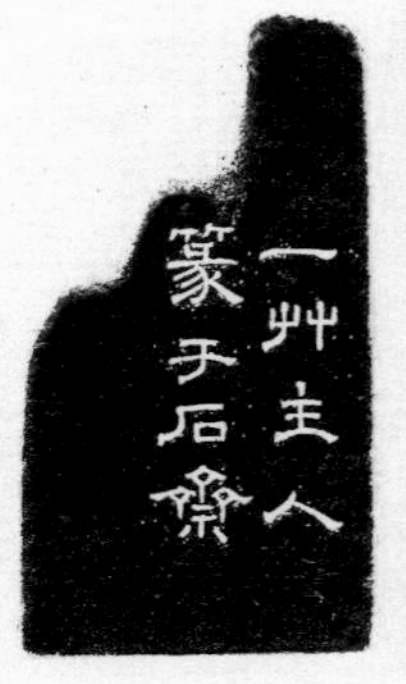

沈皋：字聞天，號六泉、竹溪，浙江湖州人。清代篆刻家，尤工白文，似何震、蘇宣。

春夜宴桃李園序：李白作，又名《春夜宴從弟桃花園序》。

夫天地者萬物之逆旅光陰者百代之過客而浮生若夢爲歡幾何古人秉燭夜游良有以也況陽春召我以烟景大块假我以文章會桃李之芳園敘天倫之樂事群季俊秀皆爲惠連吾人咏歌獨慚康樂幽賞未已高談轉清開瓊筵以坐花飛羽觴而醉月不有佳作何伸雅懷如詩不成罰依金谷酒數

春夜宴桃李園序。夫天地者，萬物之逆旅。光陰者，百代之過客。而浮生若夢，爲歡幾何？古人秉燭夜游，良有以也。況陽春召我以烟景，大块假我以文章。會桃李之芳園，敘天倫之樂事，群季俊秀，皆爲惠連；吾人咏歌，獨慚康樂。幽賞未已，高談轉清。開瓊筵以坐花，飛羽觴而醉月。不有佳作，何伸雅懷？如詩不成，罰依金谷酒數。歸安沈皋篆刻。

又一村

先君子撫楚南時，署之東偏有圃，曰『又一村』。余嘗畜雙鶴于其中，後遂以鶴自號，不忘其物，敢忘其地乎？故篆。洽。

濮氏孚柱

庚午嘉平六日，寒雨初晴，窗外梅萼漸大，時鳥弄聲，擁爐爲孚翁作。汪啓淑。

退齋居士　秋室

方薰之印

乾隆甲辰二月自作。

馮洽：原名滄，字虞伯，號秋鶴，浙江嘉興人。清代篆刻家，宗法丁敬。

汪啓淑：字秀峰、慎儀，號訒庵，安徽歙縣人。清代藏書家、金石學家、篆刻家，輯有《飛鴻堂印譜》。

方薰：字懶儒，號蘭士，浙江桐鄉人。清代篆刻家，刻印入文、何之室，又能上窺秦漢。

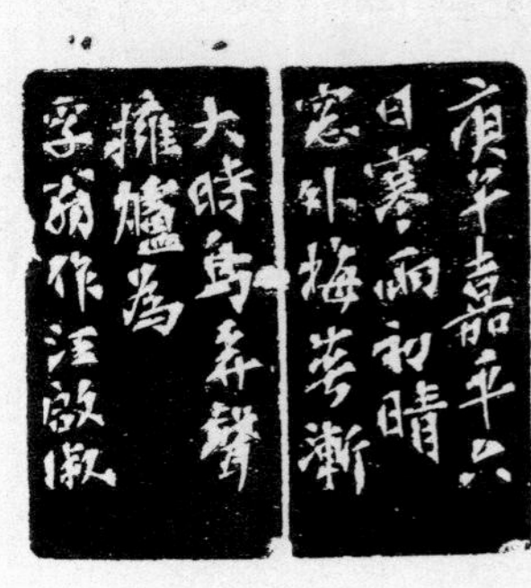

丁佺：字致堯，號松老、鈍丁後人，浙江杭州人。清代篆刻家，丁敬第三子，篆刻得家傳，風格似其父。

紀南徐君：徐堂，字紀南，號秋竹、南徐居士，浙江杭州人。清代文人，著有《藉豁古堂詩集》。

襟期：襟懷、志趣。

藉豁古堂圖書

紀南徐君顏所居堂曰『藉豁』，蓋取杜甫《簡吴郎司法》句。案：甫題江外草堂曰『敞豁』，嘗詣□□□曰：『開襟豁堂，豁其自道。』則披豁對吾真人生意氣。豁，史稱甫性放曠，好論大事，挺節無所污，即豁如之謂矣。君以磊落之才，襟度所習，復有取乎？是吾得仍移甫句似君曰：『神傾意豁真佳士。』君以爲何如？丁亥春，紀南六兄命予篆此石，因以王丈茨簷跋語并刻其上，庶使覽者有以見吾六兄之襟期也。松老弟丁佺記事。

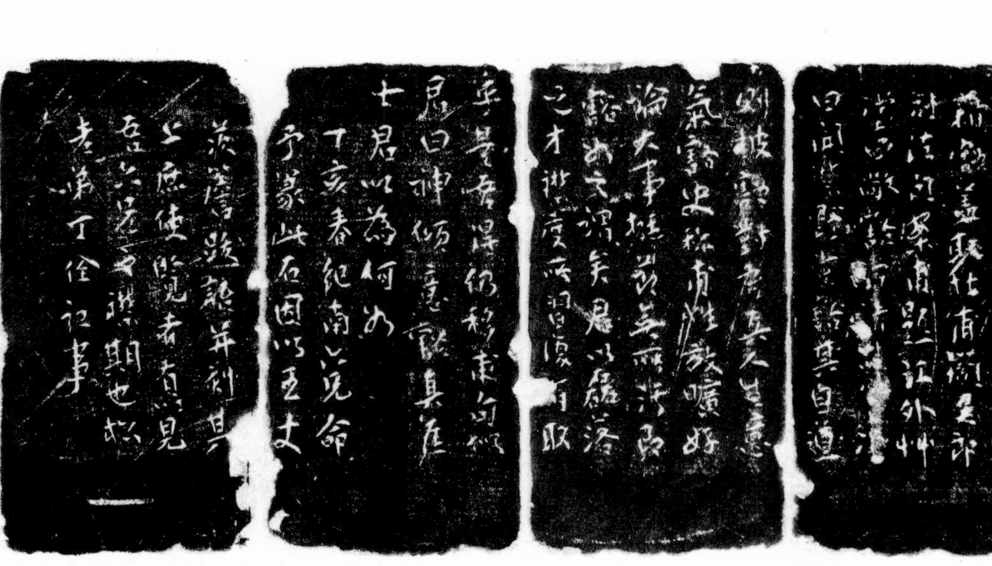

雲無心以出岫

乾隆乙未，購得《池上篇》印册一，又印譜一，惜不著作者姓氏，隨爲妄人攜去，猶記册内有圓印一方，文曰『雲無心以出岫』，其篆法、刀法俱嫵媚可人，尚能依稀想像。今得此石以其規式相稱，因懸擬撫此，即以贈榮山表侄，方之前人，真東施捧心也。嘉慶癸酉十月朔，構亭作于雲夢官署并識。

十虔竹

曲阜桂馥未谷爲長洲王芑孫鐵夫刻。嘉慶四年秋，以贈沈恕。屺雲徐年爲之記。

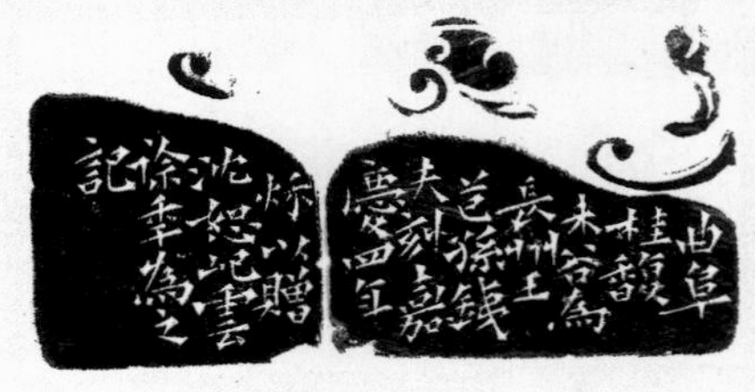

未谷八分・玉帶河邊第一守

梁肯堂：字構亭，號春淙，浙江杭州人。清代官員，曾官至刑部尚書。

桂馥：字未谷，號冬卉。山東曲阜人。清代學者，篆刻取法秦漢，無時俗之氣。

雲無心以出岫：語出東晉陶淵明《歸去來兮辭》。

王芑孫：字念豐，號鐵夫，江蘇蘇州人。清代文學家，著有《碑版廣例》。

朱勇均：字粹也，號灌園，浙江桐鄉人。清代諸生，精秦漢篆法，師法皖派，所作强調筆意表達，曾游歷諸省，刊有《愛古堂印譜》。

張燕昌：字芑堂，號文魚，浙江嘉興人。清代金石學家、篆刻家，爲丁敬高足，用刀拙樸，布局蕭疏穩逸，曾以飛白書入印。

牧笛樵歌

灌園作于得心齋中。牧笛樵歌，發于天籟。灌園先生以瀟灑之筆傳之，其天機所至乎？己酉冬日，芑堂跋于小酉山房。

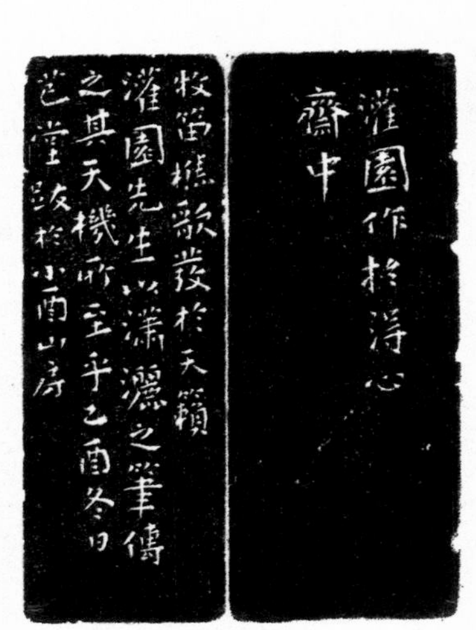

心太平齋

亞形，始見于薛尚功《鐘鼎款識》。亞形入印，自宋人始，元、明以來士大夫多踵爲之。此爲東谷先生製，未知有合于古作者之意乎？癸巳立夏日，燕昌志。

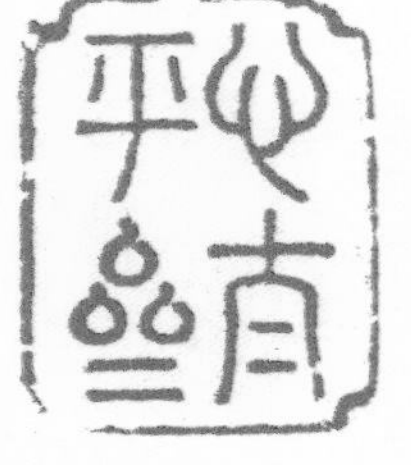

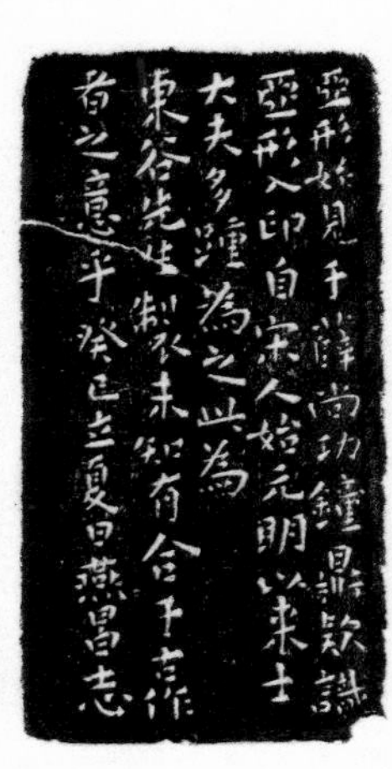

小瀛洲

小瀛洲者，前明十老雅集之所。和仲先生寔居其地，緬想流風，屬余篆此，且訂他年同脩瀛洲故事耳。丙申春暮，燕昌志。

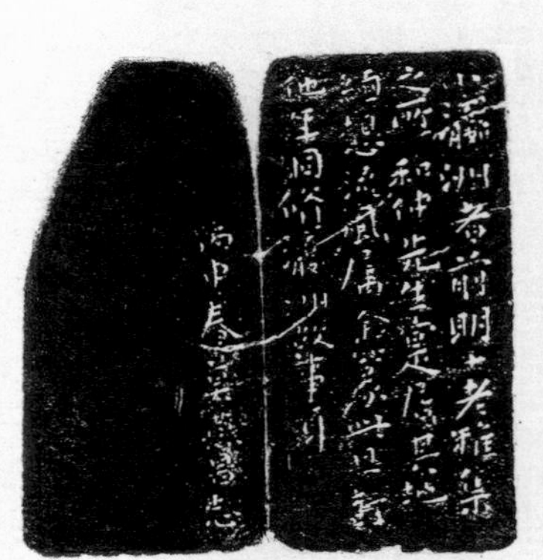

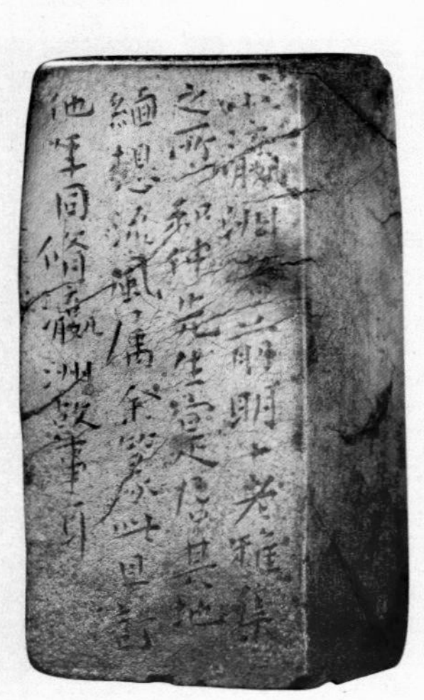

小瀛洲者，前明十老雅集之所：小瀛洲，西湖中一小島。嘉靖二十一年，徐咸、陳鑒、朱樸、吴昂等在此結十老詩社，今存《小瀛洲十老圖》。

儼齋：汪思敬，字儼齋，浙江嘉兴人。清代文人，與張廷濟等常有詩歌唱酬。

聽碧處

甲寅秋日，爲柞溪先生作。燕昌。

石窗山人

甲子初夏，爲亦昭大兄作于娱老書巢。燕昌。

養怡居

乙丑夏日爲儼齋兄作。燕昌。

汪嘉穀印

芑堂作。

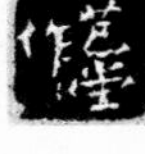

海上胡焯

藐姑著意畫難真，腕底何曾妙入神。色相雨忘閑裏取，胡然綽約見仙人。甲子初冬，石窗大兄屬。燕昌刻，時年六十又七。

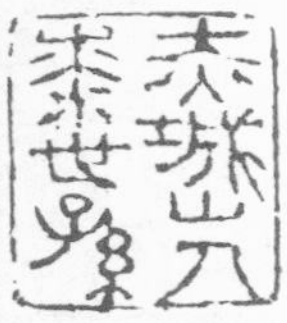

赤城山人桼世孫

赤城山人七世孫。壬申八月廿又二日，秋光可人，一試老眼，爲石窗詩人作。燕昌時年七十又五。『七』作『桼』，見《太元經》及《天發神讖》諸碑，兼用洪氏《隸續》。仿古用『桼』，豈不韵勝矣。燕昌又志。

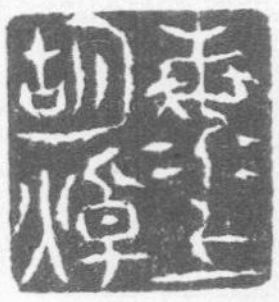

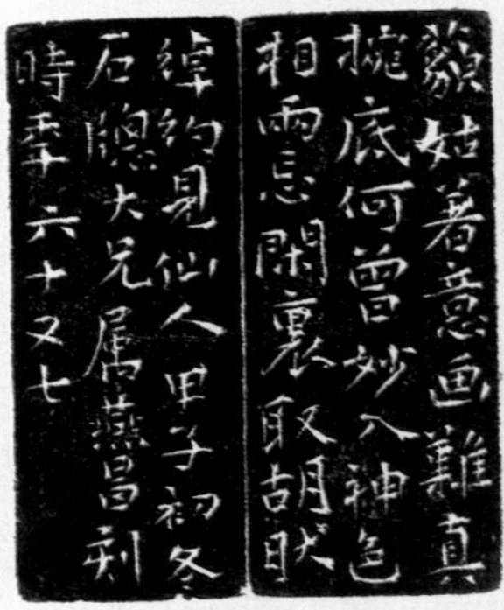

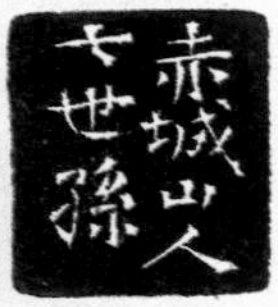

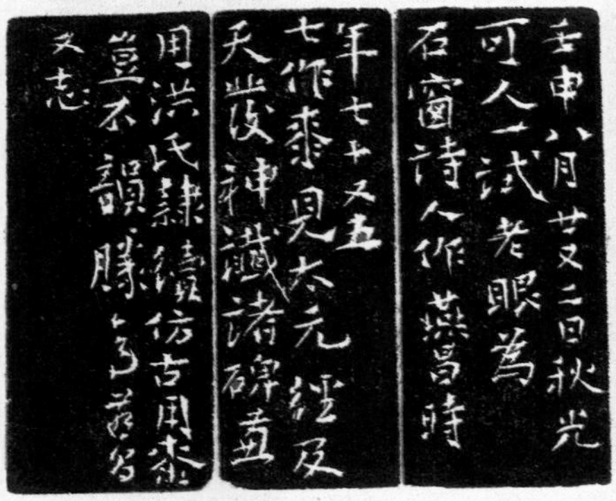

『樂夫天命』邊款：陶淵明《五柳先生傳》。

《南陔》《白華》之義：《南陔》《白華》，《詩經》篇名。《南陔序》：『《南陔》，孝子相戒以養也。《白華》，孝子之絜白也。』後用爲奉養雙親之意。

樂夫天命

先生不知何許人也，亦不詳其姓字。宅邊有五柳樹，因以爲號焉。閑靜少言，不慕榮利。好讀書，不求甚解，每有會意，便欣然忘食。性嗜酒，家貧不能常得。亲舊知其如此，或置酒而招之。造飲輒盡，期在必醉，既醉而退，曾不吝請去留。環堵蕭然，不蔽風日，短褐穿結，簞瓢屢空，晏如也。常著文章自娱，頗示己志。忘懷得失，以此自終。贊曰：黔婁有言，不戚戚于貧賤，不汲汲于富貴。極其言茲若人之儔乎？銜觴賦詩，以樂其志，無懷氏之民歟？葛天氏之民歟？燕昌作。

南白

亦傳大兄取《南陔》《白華》之義，別號南白，其孝子之托意乎？爲仿漢人白文，刻印以贈。時坐白苗嘉穀之廬。燕昌記。

古愚

燕昌。

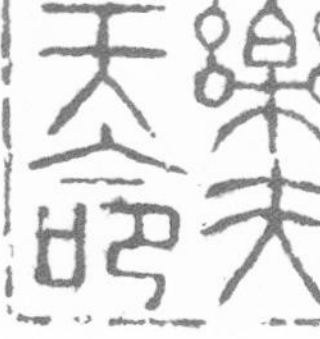

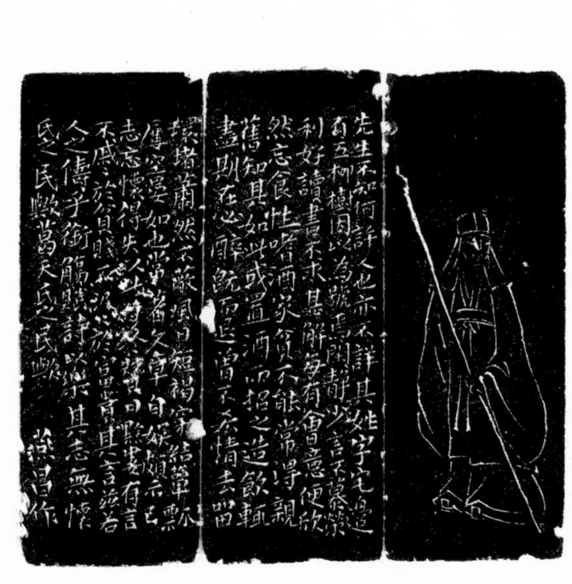

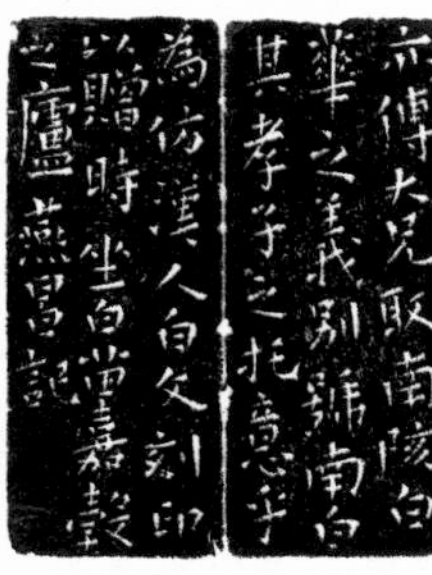

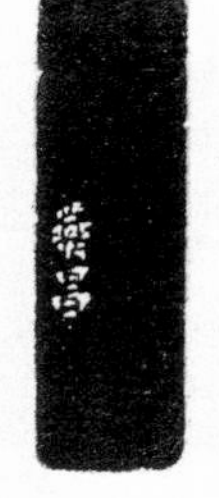

印心齋

吾友陳君映千爲山左孫充之先生所得士，契甚，前輝而後光也。充之先生以『印心』題映千齋。映千屬余刻印。余喜其相與之誠，爲仿切玉法應之，并系以贊：以心印心，心心相印。以印印心，印心心應。魚魚張燕昌。

有定齋

數存刻印，純乎漢矣。頗謬許鄙作，雨中過我，以石索篆，爲仿二銅印就正，真弄斧班門也。時乾隆戊戌九月二十七日，并識于邗江客舍，小池弟董洵。

和神當春

鈍丁先生有『西湖禪和』一印，別饒古趣，兹仿其意刻此，識者鑒之。小池董洵并記于鄂渚，癸卯九月。

董洵：字企泉，號小池、念巢，浙江紹興人。清代醫學家、篆刻家，治印宗法秦漢，多用切刀，蒼莽勁澀，不多作媚嫵之態。

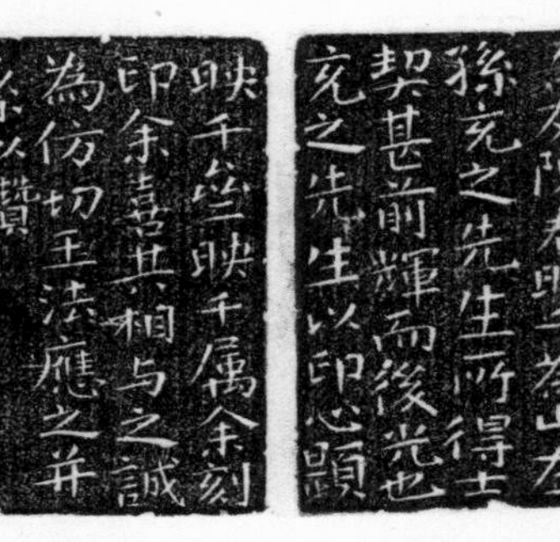

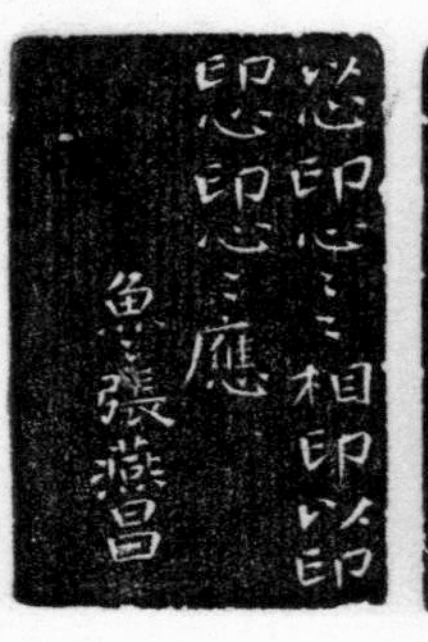

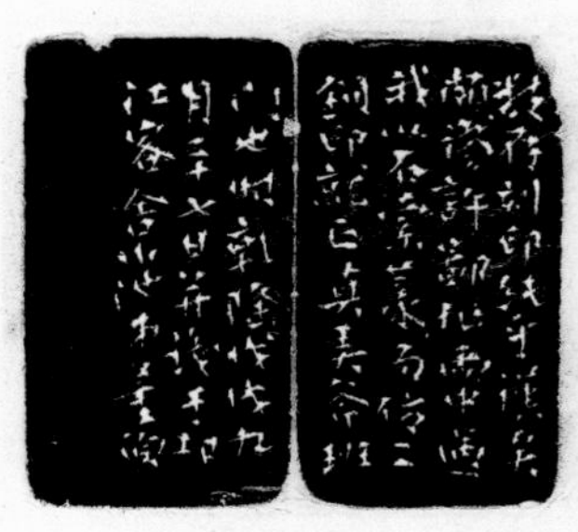

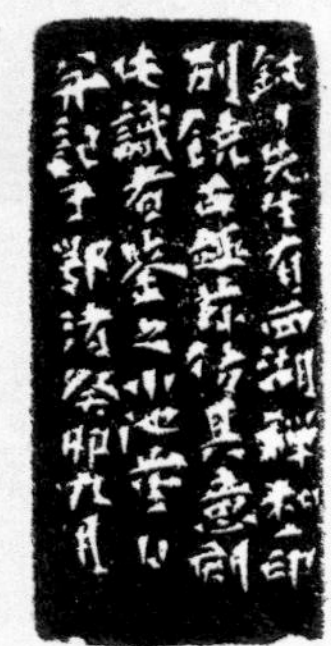

劉墉：字崇如，號石庵，山東諸城人。清代著名政治家、書法家，官至體仁閣大學士，爲清代四大書法家之一。

悠然見南山：語出東晉陶淵明《歸園田居》。

悠然見南山

小荃工繪事又善篆刻，暇日嘗從余問刀法，因作此爲贈。仿丁鈍丁式也。嘉慶四年秋七月，小池在邗上記，時年六十。

劉墉

嘉慶辛酉十二月雪中作，董洵。

虛恬室

嘉慶甲子九月，董小池再篆，时年六十又五

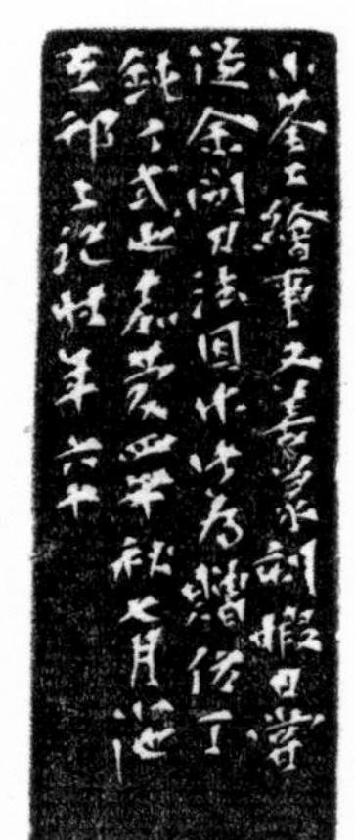

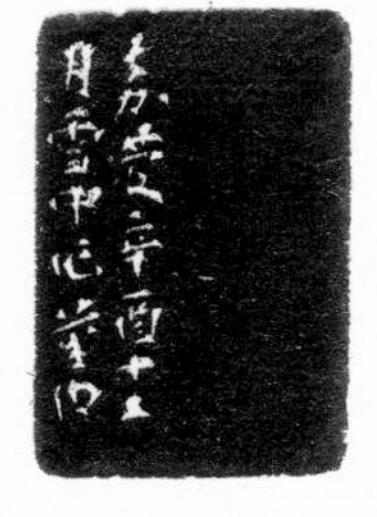

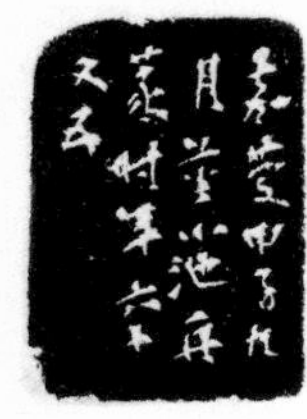

友多聞齋

嘉慶乙丑夏，小池。

平原

見漢印『平』字甚佳，因摹以奉平原先生。小池。

蔣氏仲蔚

漢印法。小池。

愛吾廬

綿潭山館愛吾廬尤静，因製此鈕，以當卧游。董洵識。

友多聞：語出《論語·季氏》。

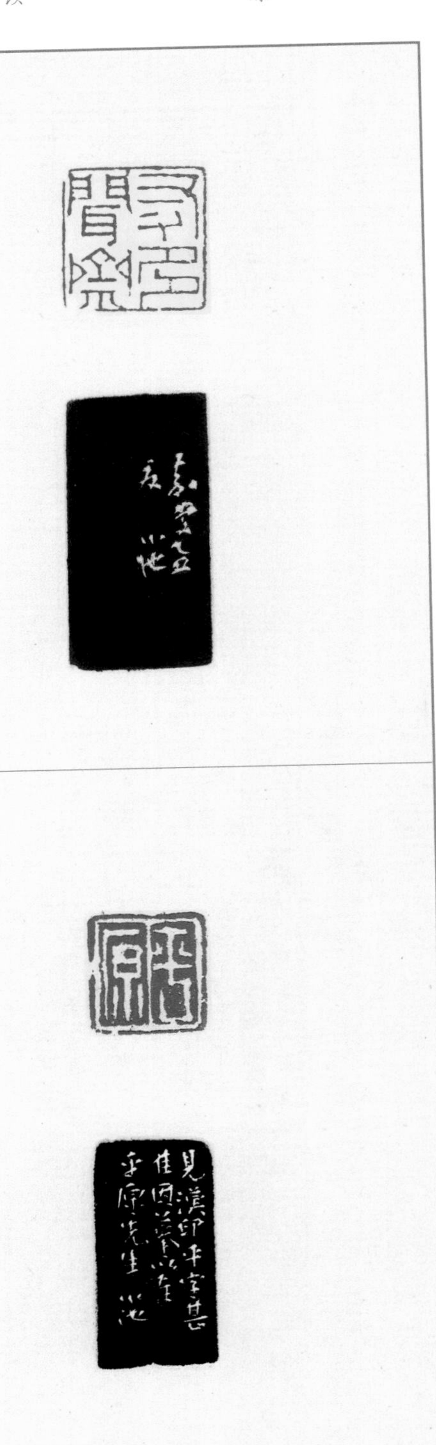

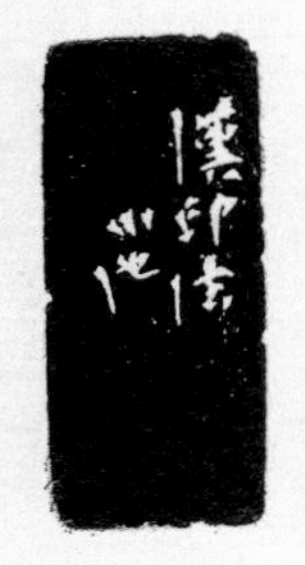

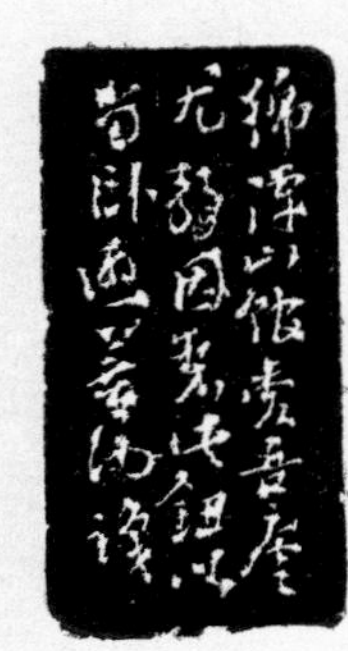

吳履：字竹虛、旋吉，號瓦山野老、苦茶僧，浙江嘉興人。清代篆刻家，篆刻高古，款識絶似何主臣。

燕亭：汪必昌，字燕亭，安徽歙縣人。清代醫學家，著有《聊復集》。

小琅嬛

小池摹雪漁。

直沽漁隱

青來四兄囑仿明人意。小池。

燕喜亭長

歌兒佛喜，燕亭嘗賞識之，故秋景盦有『佛恩若許拈花笑，金屋添營燕喜亭』之句。燕亭得詩，欣然自號曰『燕喜亭長』。嘉興吳履刻印贈之，時乾隆壬子閏月廿二也。

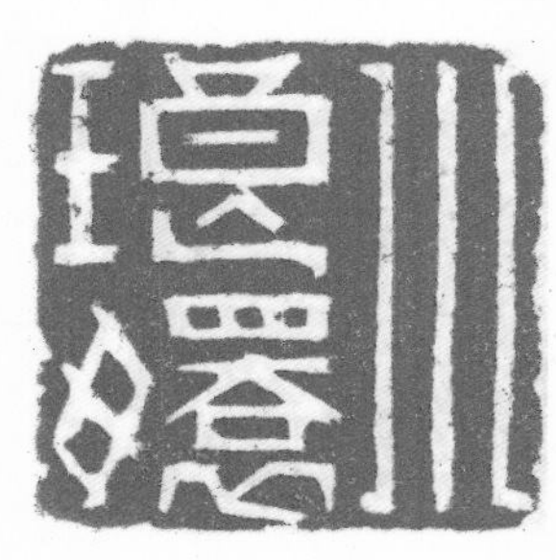

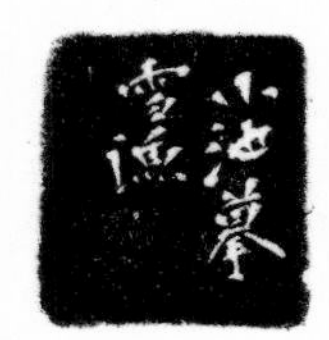

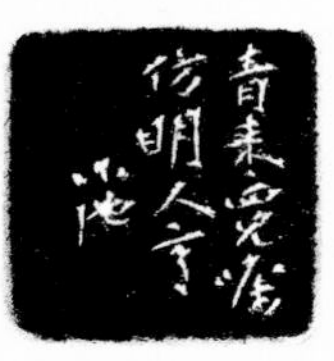

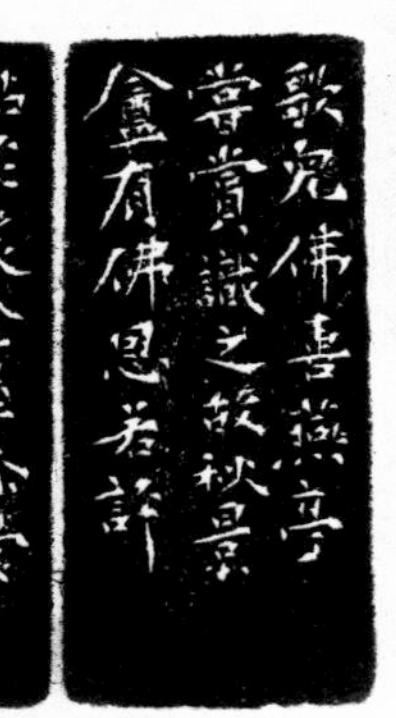

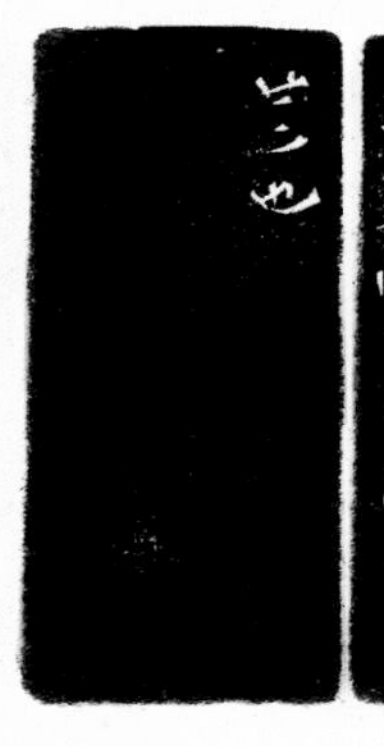

古愚

甲午秋日篆。

廷濟

新篁里

明窗净几筆硯精良焚香著書人生一樂

海昌目耕農陳恕。

畢星海：字崑園、崑圃，號古愚，浙江嘉興人。清代篆刻家，印風平整圓渾，頗有古趣。

陳恕：字體行、健清，號目耕、吟香，别署妙果山人、十姊妹花齋主人，浙江海寧人。清代篆刻家，能治銅、玉印章，所作工穩圓潤。

廷濟：張廷濟，原名汝林，字順安、説舟，號叔未、眉壽老人，浙江嘉興人。清代金石學家、書法家。

巴慰祖：字予藉、子安，號雋堂、蓮舫，安徽歙縣人。清代篆刻家，宗法秦漢，旁參宋元，工整秀勁，書體與布局構思極精。

巴慰祖自用二十面套印

吾降七十四甲子

集孟皇仲則叔重季度之法

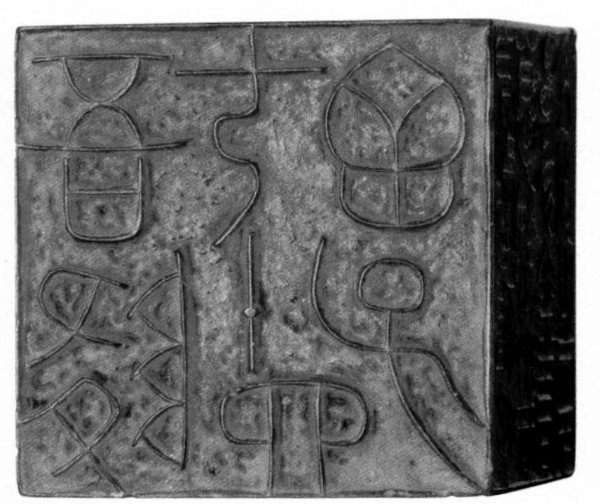

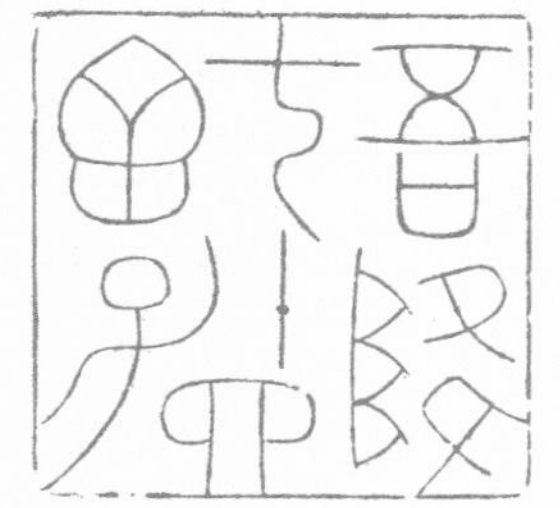

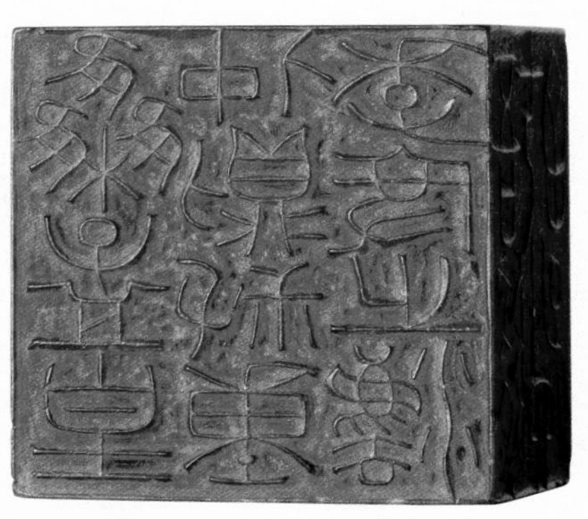

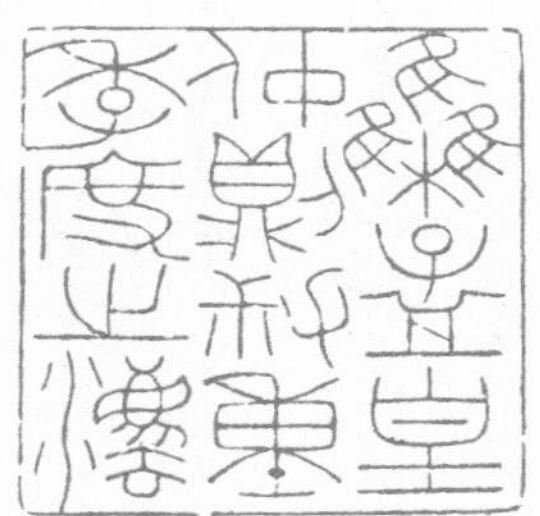

蓮舫庚子以後書畫記

巴慰祖手摹魏晋以前金石文字之印

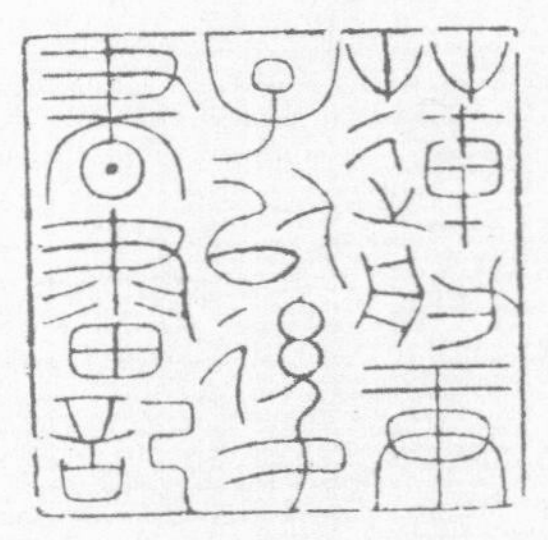

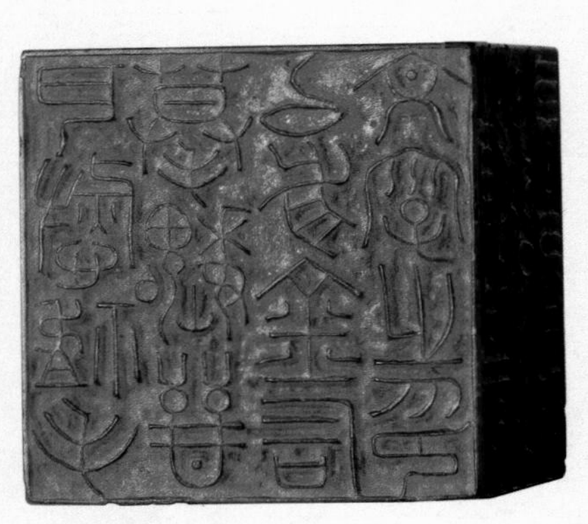

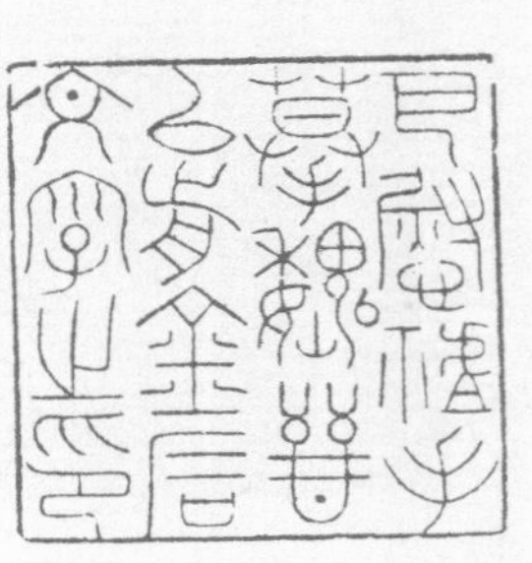

保殘守闕　下里巴人

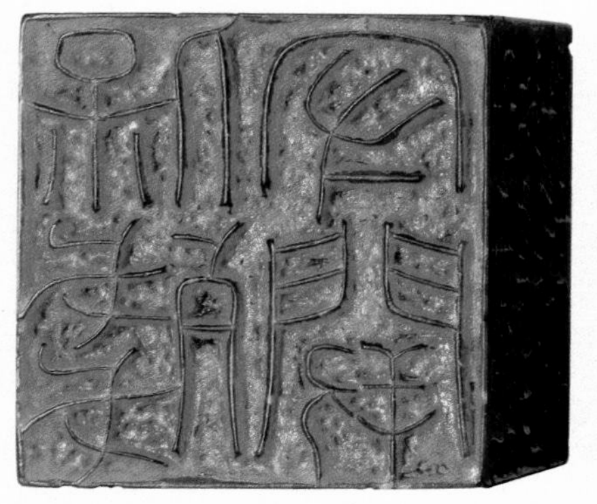

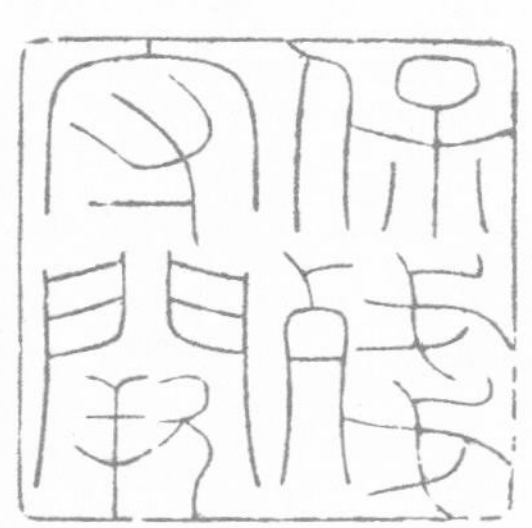

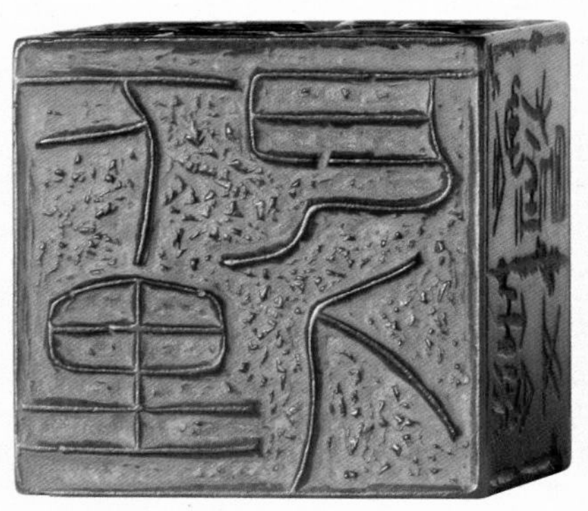

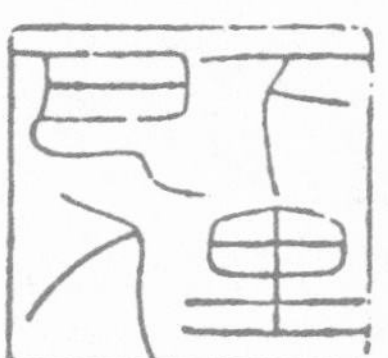

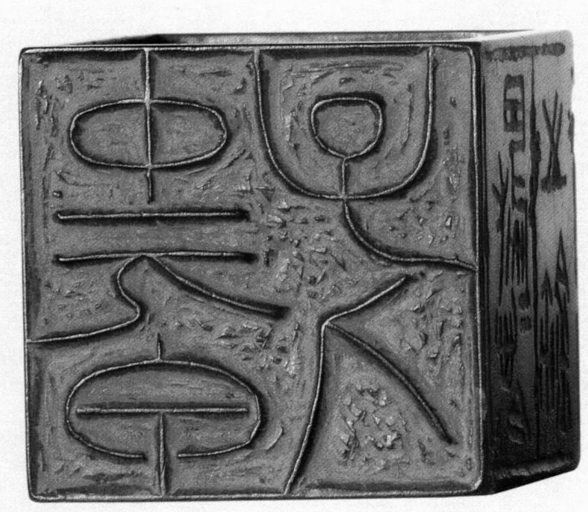

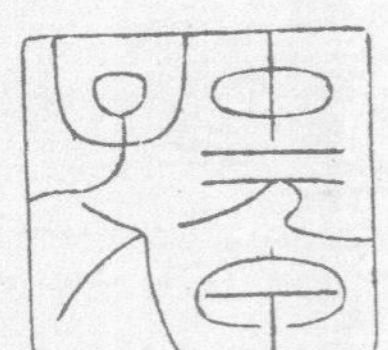

巴慰祖

雋暘　八分中郎

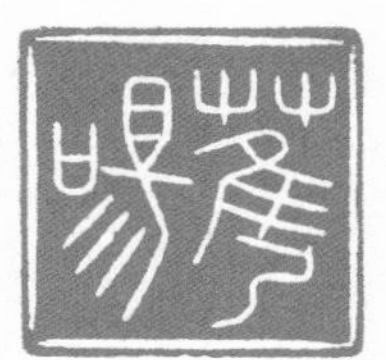

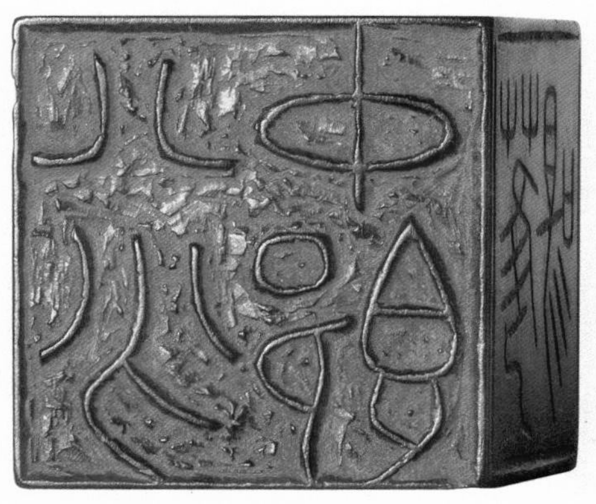

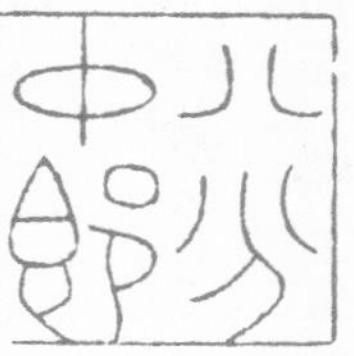

巴尉祖

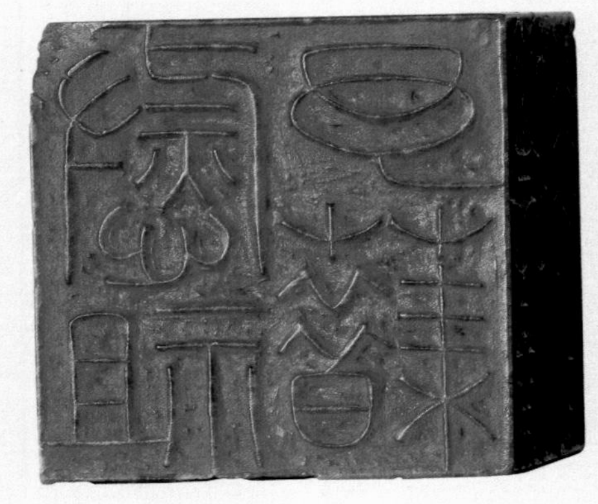

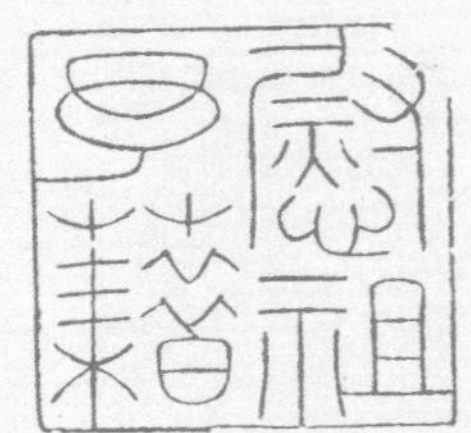

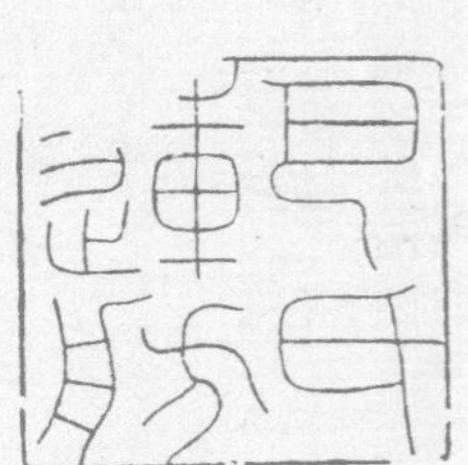

尉祖予藉　巴氏蓮舫

巴慰祖

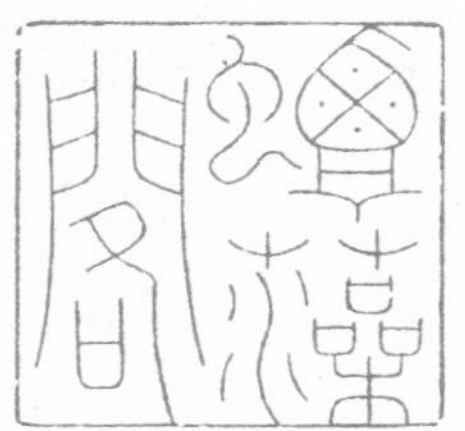

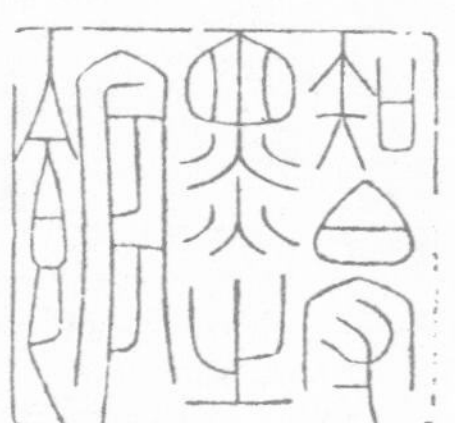

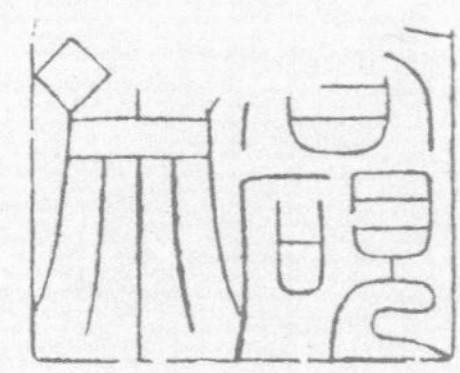

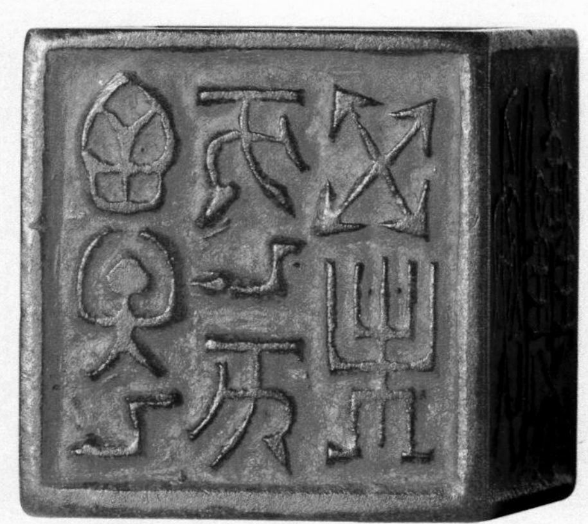

巴慰祖

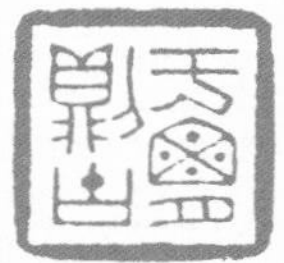

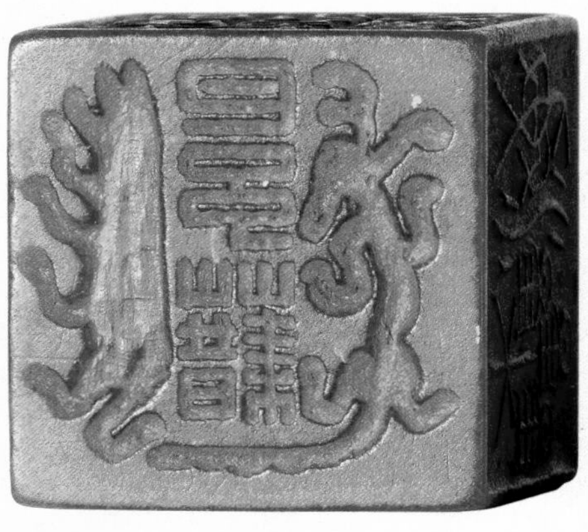

巴慰祖

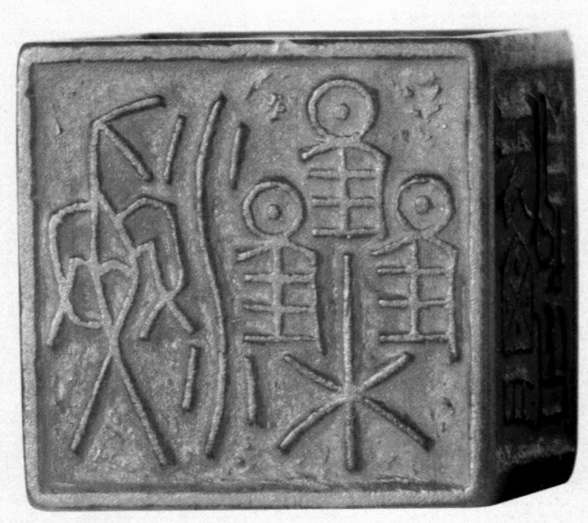

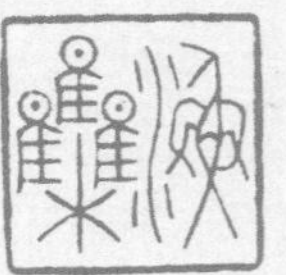

陳元祚：字師李，號西麓，浙江嘉興人。清代篆刻家，從徐賓嶼游，得其指授，饒有蒼秀圓潤之趣。

喬林：字翰園，號西墅、墨莊，江蘇如皋人。清代篆刻家，用材廣泛，竹根印最負時譽，所作刀法、布局多襲如皋派風貌。

『乃不知有漢』句：語出東晉陶淵明《桃花源記》。

蔗畦：江恂，字于九，號蔗畦，江蘇儀徵人。清代官員、書畫家，曾官至長沙、徽州知府，工詩，善書畫，長于隸書，喜寫梅花。

蓬萊之廬

乃不知有漢無論魏晉

乙未嘉平，爲蔗畦使君作治。巴慰祖。

碧雲林屋

西麓。

桃花潭水

桃花潭水。墨莊篆于綺霞軒。

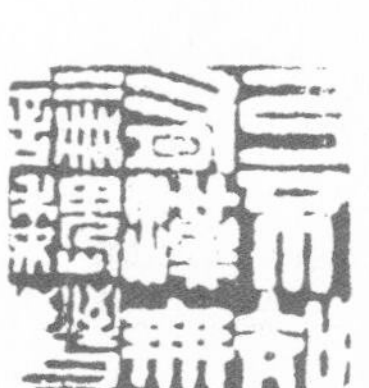

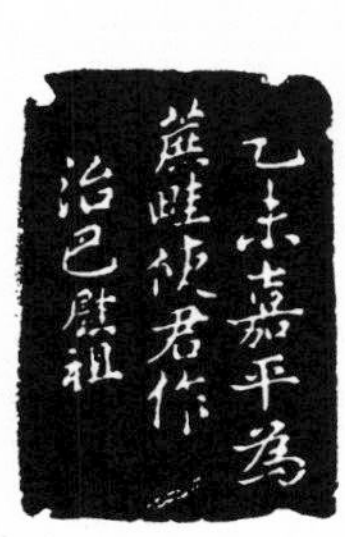

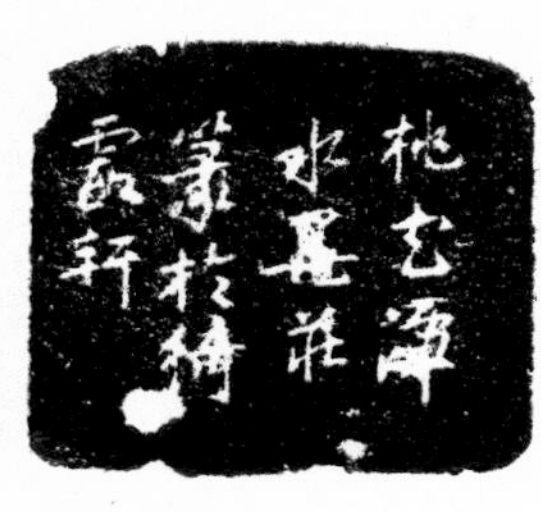

飲酒游山

秋吟，項朝藻作于容獅室，寄贈揚州小臞潘先生。先生字孟陽，唐劉晏甥潘名孟陽，姓氏既同，嗜好復合，因爲篆此『飲酒游山』，德宗語也。乾隆己亥長至前七日，藻紀事。

項三此印，掃盡作家習氣，乍看不能佳，久而始見項三綺歲已臻勝境，真可畏也。除夕前三日，太平居士蔣仁記于紅橋客次。

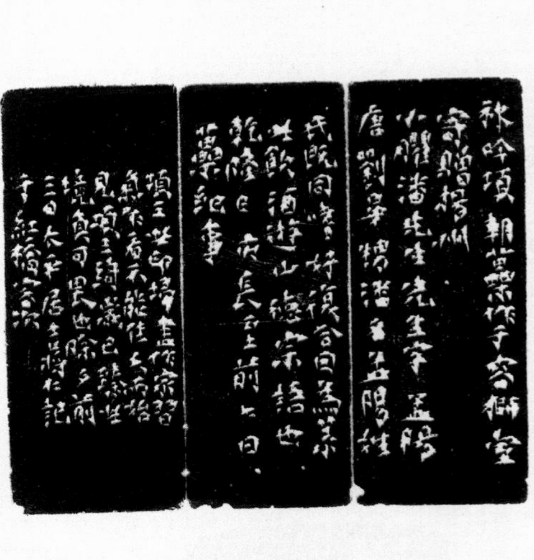

結翰墨緣

友桐收藏書畫，聚墨成林，有吾家子京之風，故爲作此印。乾隆丙午嘉平月，項秋鶴記。

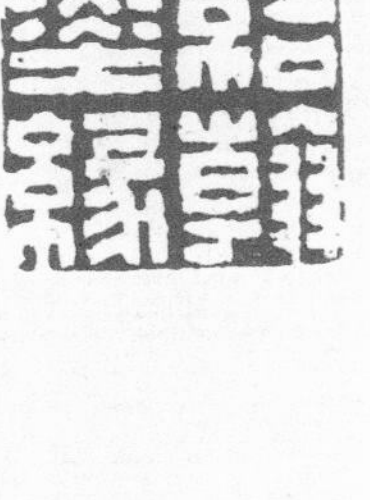

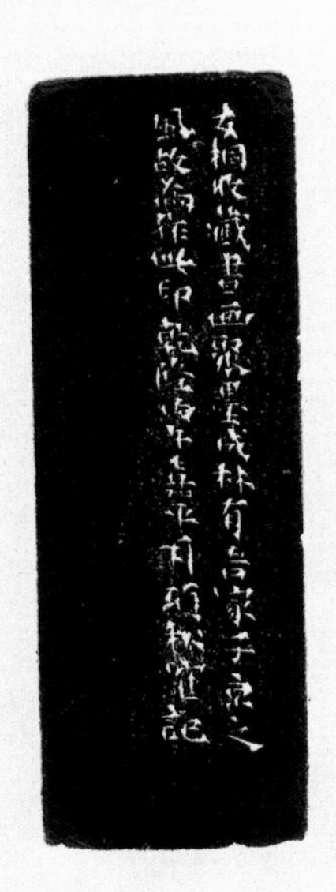

項朝藻：字壽芝，號秋鶴，浙江杭州人。清代篆刻家，師事蔣仁，得浙派真傳。

長至：夏至的別稱。

綺歲：青春、少年。

徐年：字南武，號漁莊，上海人。清代篆刻家，得何雪漁、吴亦步兩家元朱文之妙，古逸秀潤，兩擅其勝。

錢泳：初名鶴，字立群，號臺仙、梅溪，江蘇無錫人。清代篆刻家，宗徽派，取法程邃。

壺中父

漁莊。□□補梅

愛閑

錢泳。

堇浦過眼

錢泳。

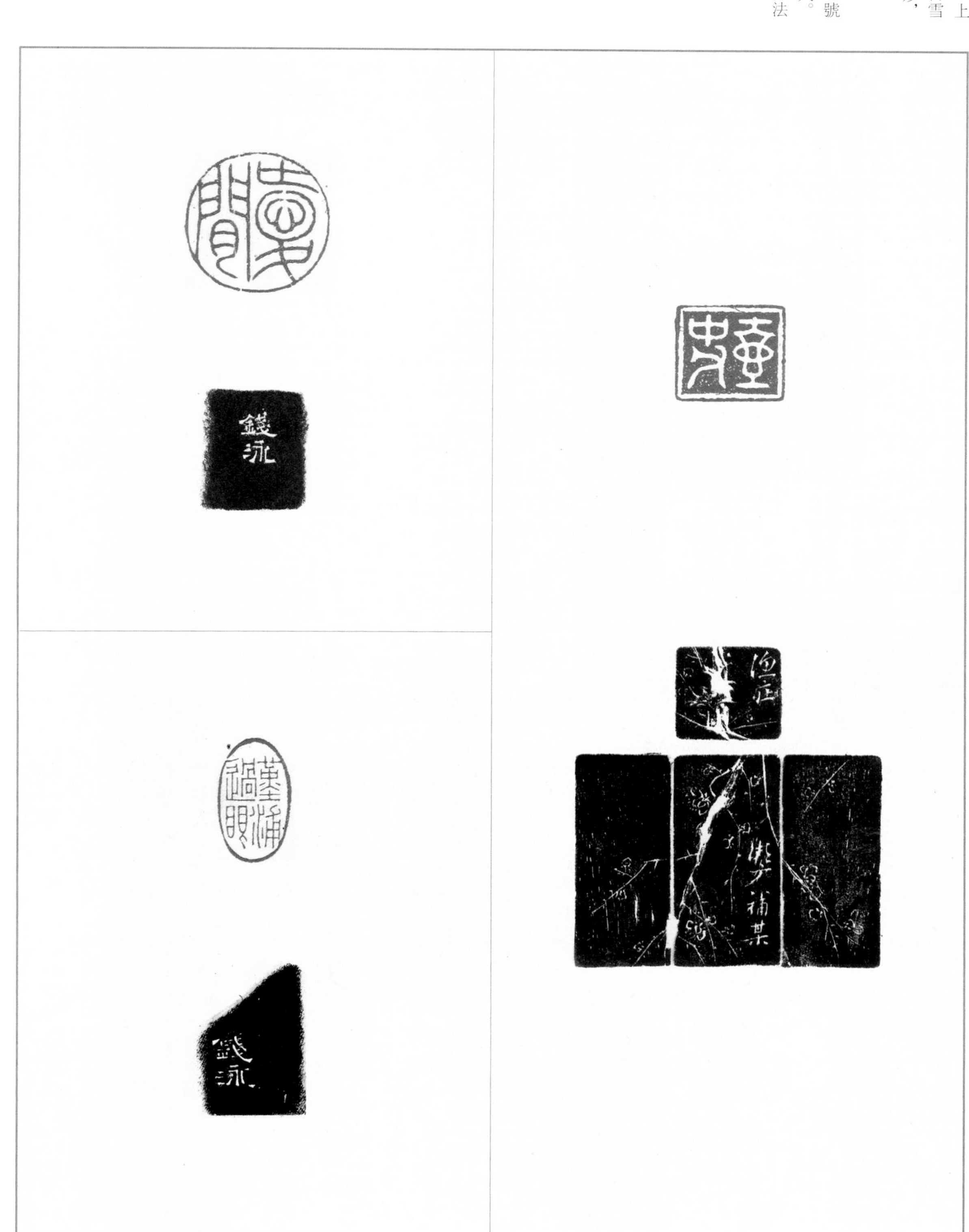

生于癸丑

茨翁清賞，孫星衍篆刻。周山茨，嘉善人，名升桓。能書，耽佛學，此其遺印也。文曰『生于癸丑』四字，字奇刀健，允推淵如杰作。竹里張廷濟記。

孫星衍：字淵如，號伯淵，江蘇常州人。清代著名學者，篆書以玉箸篆著稱，善篆刻元朱文，著有《尚書今古文疏》《寰宇訪碑録》等。

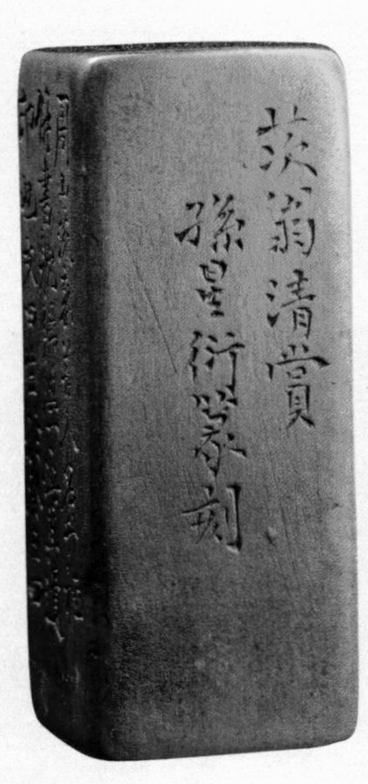

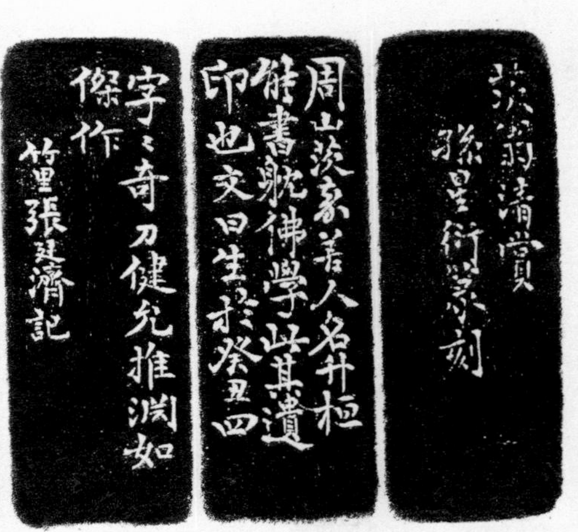

黃學圯：字孺子，號楚橋，江蘇如皋人。清代篆刻家，融匯兩漢、程邃、浙派等特點，尤得力于如皋派。

孫三錫：字桂山，桂珊，子寵，號懷叔，浙江平湖人。清代篆刻家，宗浙派，所作頗近陳曼生。

王夢樓：王文治，字禹卿，號夢樓，江蘇丹徒人。清代著名書法家，喜用淡墨，表現瀟疏秀逸，時人稱『淡墨探花』。

蓮溪詞翰

楚橋。

曾經滄海

王夢樓太史曾有此印，受之七兄屬摹。孫三錫。

樹伯印

雲樓尊丈先生雅賞，桂山仿漢人製印。

海鶴寫生

三錫爲乾齋製印。時丙申秋。

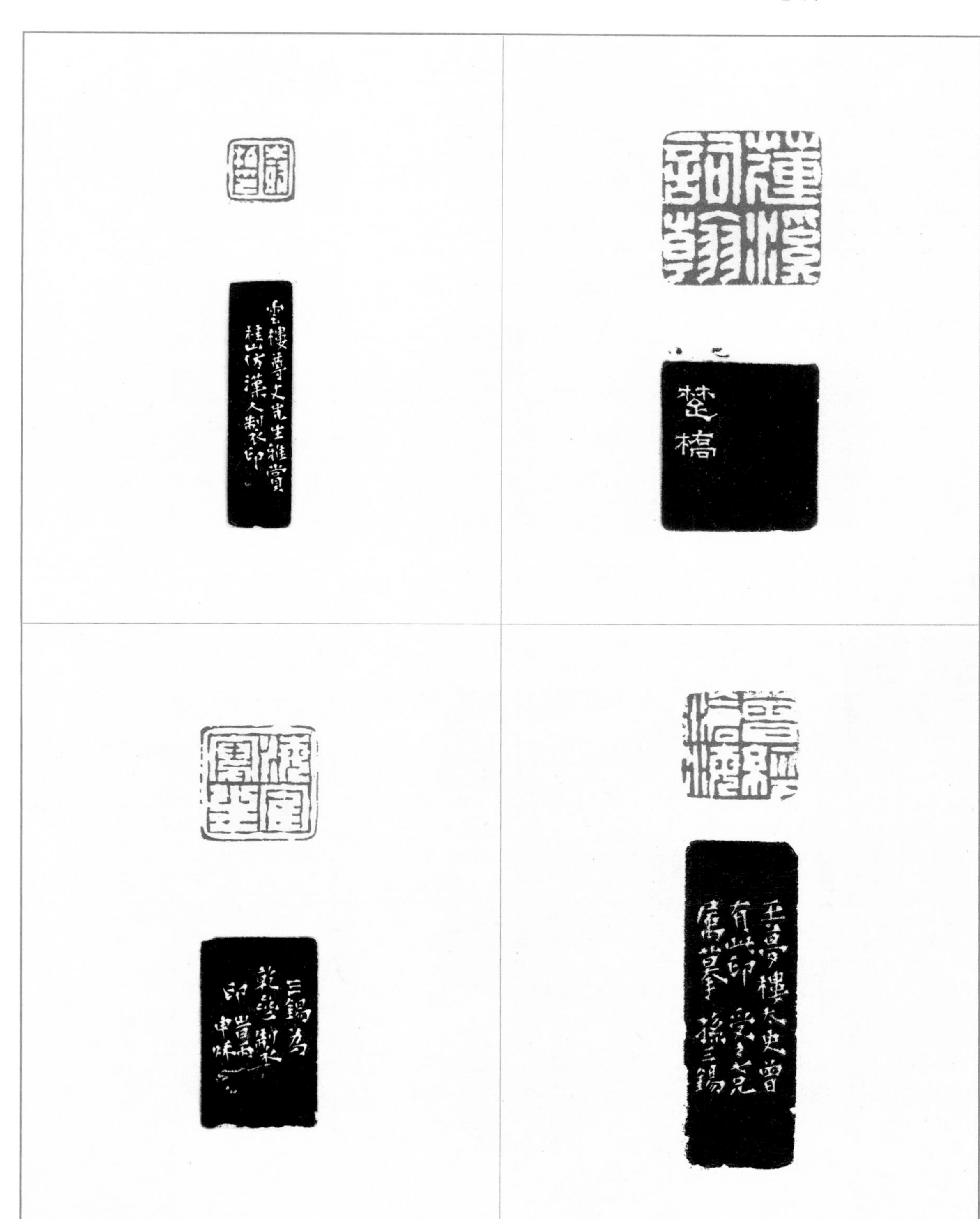

懶雲好書畫記

縵卿先生名印乃曼生、小松兩司馬手製，無一不佳。余印殊愧粗浮，方家見之未有不掩口胡盧耳。戊戌四月，孫三錫作。

止亭

用宋元人闊邊朱文。孫三錫志。

家在鶯聲細雨中

乾齋屬。桂山製，時丙申秋七月。

徐同柏印

籀莊先生屬。桂山刻。

張子羊印

道光甲午十月，仿漢印爲子羊屬刊。桂山并志。

掩口胡盧：捂著嘴笑，指暗笑、竊笑。

張子羊：張熊，字子祥，號鴛湖外史，浙江嘉興人。清代畫家，多作花卉，兼作山水、人物，精篆刻。

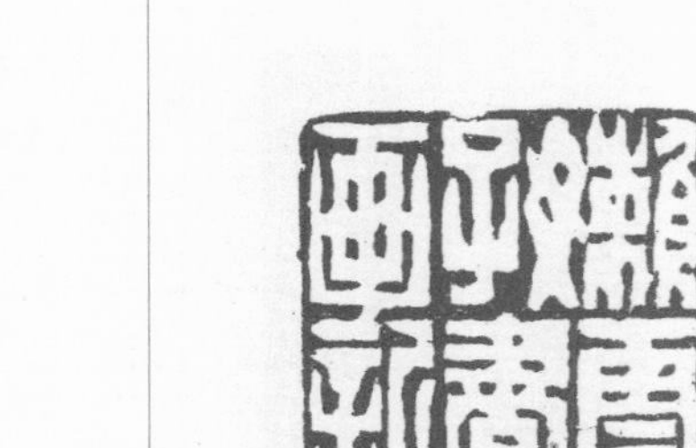

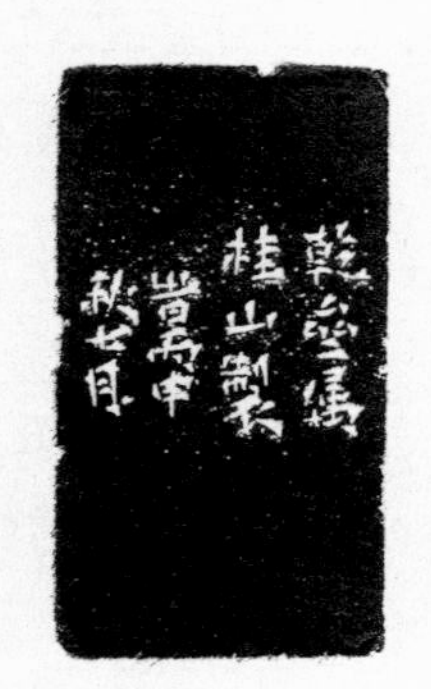

張開福：字質民，號石匏，浙江嘉興人。清代諸生，張燕昌子，精金石，兼善書畫，尤工寫蘭，亦工刻竹。

怒猊抉石、渴驥奔泉：語出《舊唐書·徐浩傳》，形容書法遒勁奔放。

曾上星岩絶頂來

吾浙青田石，厥品上上，質細而嫩，能得印中神韵。余爲受之七兄作斯印，有怒猊抉石、渴驥奔泉之趣。桂山識。

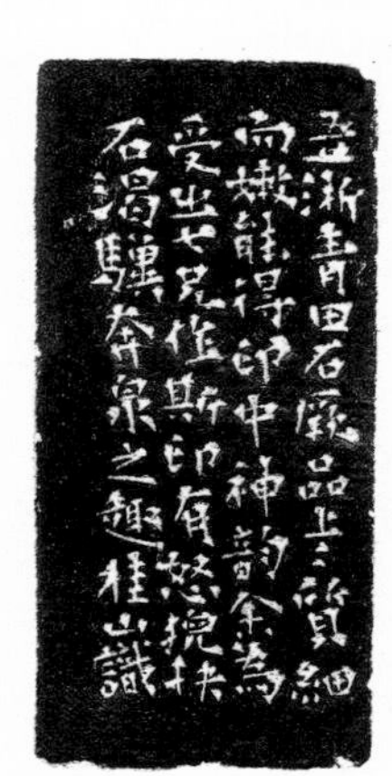

南蘭陵世進士家

庚辰六月十日，玉山先生過譚，出此索篆。時涼雨初收，庭中紅蕺添潤，農人喜可知已。因放筆爲之。東瀨開福并志。

儼齋啓事

開福。

玉人天際

道光十七年八月，張開福作。

張叔未

順甫作。癸亥九秋。

廷濟

甲子仲春，几山篆。

學匡之符

乙丑四月十八日，爲後山二兄作。順甫。

籀莊

順父作，乙丑初冬。

張廷濟印

爲叔未解元作。順父。

徐大椿印

爲籀莊兄篆刻。順甫。

錢善揚：字順甫、順父，號几山，浙江嘉興人。清代書畫家、篆刻家，治印得力于秦漢法，疏密處理脱塵超俗，自闢蹊徑，用刀渾古自然，所作有蒼莽古樸之趣。

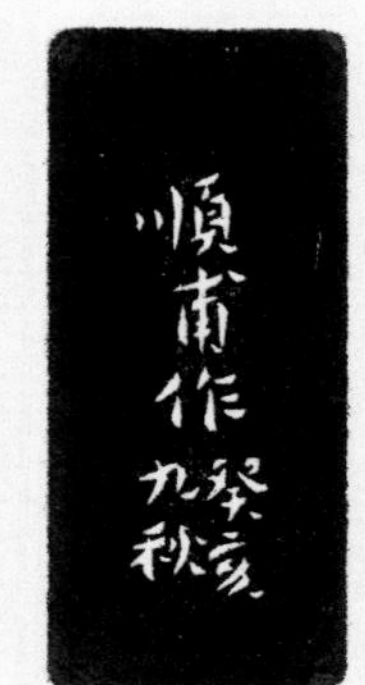

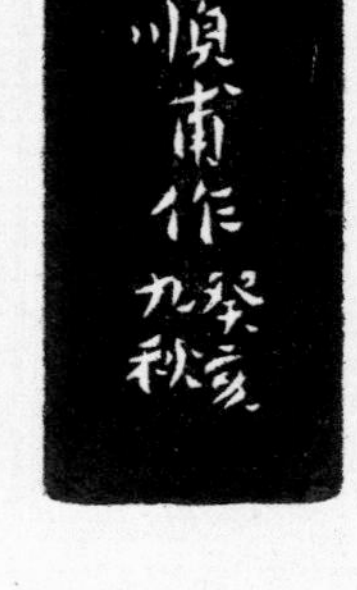

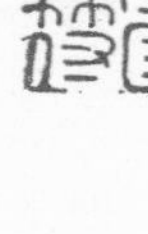

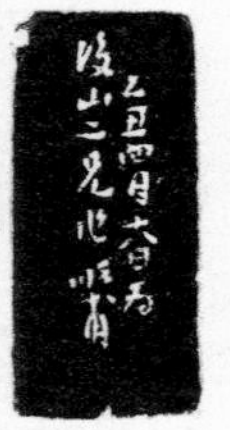

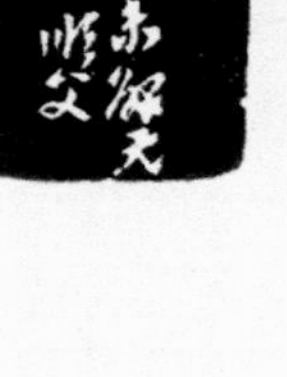

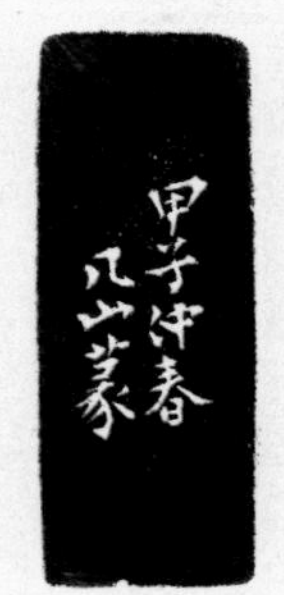

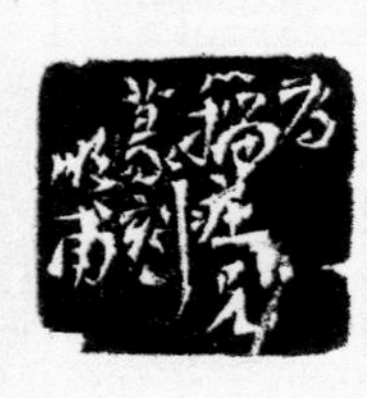

文鼎：字學匡，號後山、後翁，浙江嘉興人。清代書畫家、篆刻家，刻印不落陳套，元朱文直入宋元，嚴謹平穩，風貌雅秀。

介裴：朱休度，字介裴，號梓廬，浙江秀水人。清代官員，曾任廣靈知縣，後主講剡川書院，著有《紫荆花下閑鈔》。

介裴・朱休度印

梓盧老表伯大人命作。錢善揚。

叔未

嘉慶庚申十二月既望，爲叔未三兄製。文鼎

殷

周《虢叔尊》銘『殷』字，爲雲楼一兄摹。嘉慶乙丑夏四月，文鼎。

徐大椿印

籀莊先生屬　文鼎。

張叔未

叔未兄丈解元屬。文鼎勒，庚戌伏日。

錢善揚　文鼎

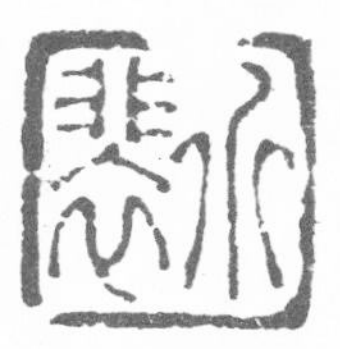

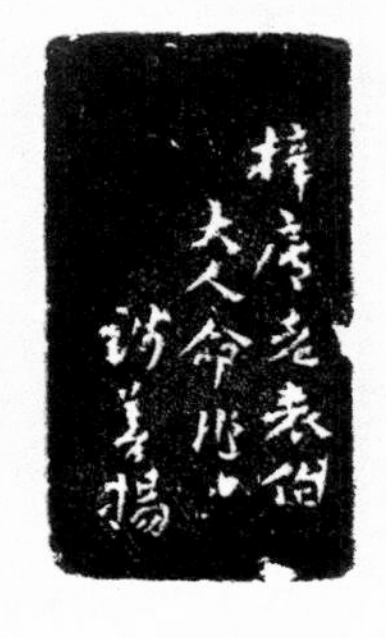

張春雷印

道光癸未中夏，爲安甫先生屬篆并正。秀水弟文鼎。

硯壽齋

芸村大兄欲以硯壽名齋，有志未逮，令子有山世長于辛卯秋日始顔其額，屬余治印，此所謂善于繼述矣。因擬博士先生法應之。文鼎，時年六十有六。

三日康寧

康叔能鐵筆，與鼎交最善，論印嘗齟齬不能合，故未嘗倩康叔治印，康叔未之及也。庚申秋，康叔來浙試，後出石索篆，鼎亦乞其印章，持爲石交之據，不知有當于康叔意否？時十月十有二日，文鼎識。

張春雷：字安甫、樵雲，江蘇揚州人。清代畫家，畫梅法金農，老逸蒼秀，善篆刻，工穩秀麗，爲陳鴻壽所賞。

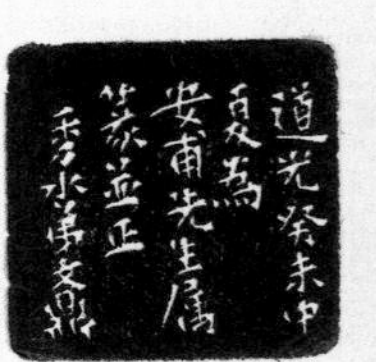

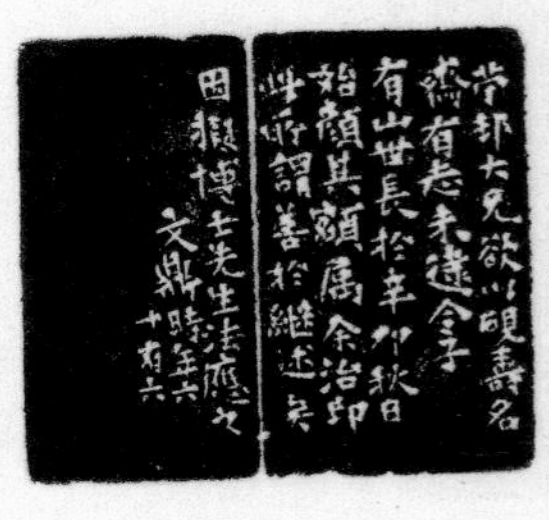

八甎精舍

叔未解元得漢晋甎八品，名其居曰「八甎精舍」。阮中丞爲書扁，邢太守爲作記。嘉慶丁卯夏日，秀水弟文鼎爲刻印，因并識之。

移家白沙翠竹江村

移家白沙翠竹江村。安甫先生別來八九寒暑矣，今夏以款扇見賜，乃知館于吴門，雖相隔非遥，而彼此栗鹿未能一晤。幸書簡往還，差可喜也。屬鼎製印，勒此應命，兼祈指教。道光戊子十二月望後，秀水愚弟文鼎。

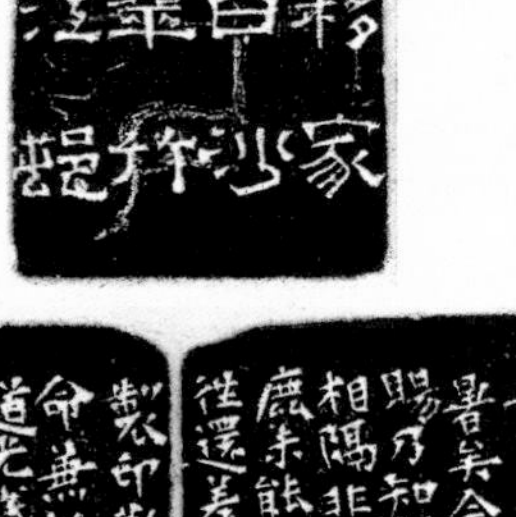

擷芳館

戊寅重九，爲儼齋五兄作。維時桂粟舒黄，菊鈴綻绿，天香古馥，習習宜人。捉刀篆此，不覺悠然意遠。爲穀刻并志。

汪儼齋珍藏印

儼齋先生性好古，所藏法書、名畫、金石款識甚富，屬余篆此，以記秘玩。自顧刀法未臻，篆學疏謬，尚慎用之，恐玷却精品也。己卯閏月十二日，龍田并志。

汪思敬印

庚辰長夏，儼齋先生教篆。爲穀。

來燕樓

寄坤。

倪爲穀：字龍田，號生庵，浙江嘉興人。清代篆刻家，取法金粟山人，旁款隸書，尤見精工。

錢以發：字含貞、含章，號寄坤，浙江嘉興人。清代篆刻家，善辨硯材及書畫、金石文字。

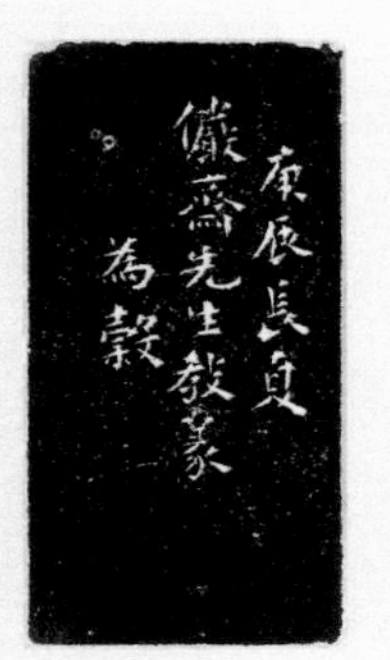

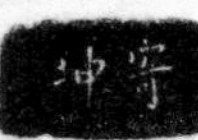

高塏：字子高、子才，號爽泉，浙江杭州人。清代書畫家、篆刻家，書法得歐、褚神髓，工花鳥，能篆刻，所作介于陳豫鍾、陳鴻壽之間。

徐同柏：原名大椿，字籀莊，號肖蘭、壽臧，浙江嘉興人。清代篆刻家，多作漢印和宋元朱文風格。

七香：改琦，字伯韞，號香白、七薌、七香，上海人。清代畫家，喜用蘭葉描，仕女衣紋細秀，造型纖細，敷色清雅，創立了仕女畫新的體格，時稱『改派』。

願作鴛鴦不羡仙：語出唐代盧照鄰《長安古意》。

願作鴛鴦不羡仙

孚齋大兄屬。爽泉作。

琦印

七香仁兄法正。爽泉作。

少農啓事

爽泉作。

華竹安樂齋

丙寅穀日，奉荷屋先生正篆。爽泉。

徐壽臧　壽臧　從古堂

嘉興徐同柏壽藏　七十三年矣

颯籀書莊　籀莊

三山舊史

道光丙申八月，籀莊徐同柏篆。

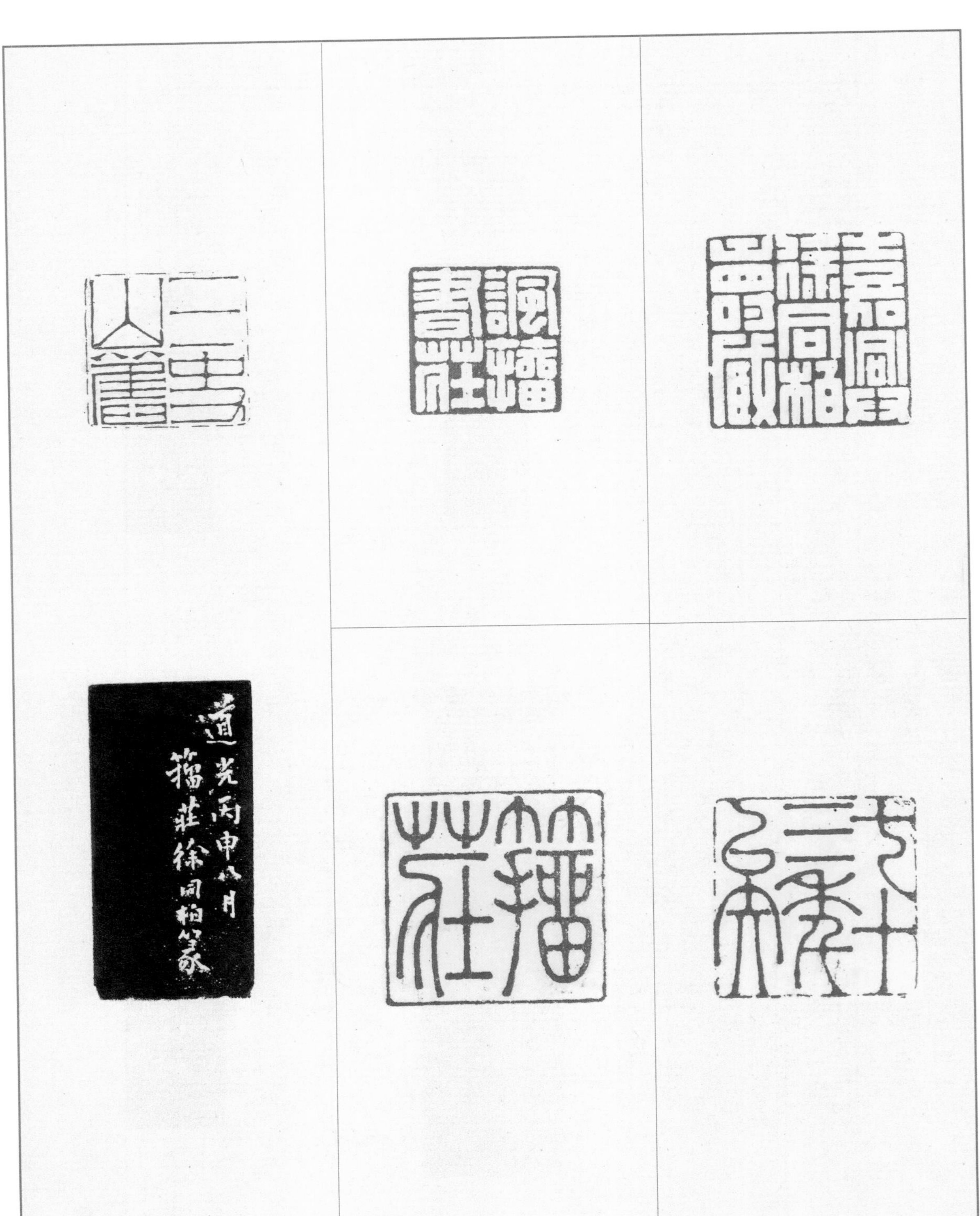

徐士燕：字谷孫，浙江嘉興人。清代篆刻家，徐同柏子，宗法古璽及秦漢印，旁參元、明諸家及浙派。所作規矩平穩，面目多樣，印風峻健秀雅。

徐同柏印·壽臧

敬仲

道光甲辰春，徐士燕。

桐陰樓

道光甲辰，理伯表弟教。徐士燕。

張福熙印

敬仲表弟政。徐士燕。

王履元印

己未六月，緩卿作。

季歡

季歡仁兄世大人屬。己未九月，緩卿作。

南渡循王之子孫

嘉慶〔辛未〕十月，喜晤晴厓仁兄于平陵署中。同人集桑連理館，文酒之會歡如也。晴厓爲宋循王裔，嘗从福郡王黔西軍中數載，叙功得吟翰，胸中有磊落奇氣。酒酣，誦可閑老人題其先世竹居詩，聲情婉轉，令人發述德懷古之思。索刻是印，即詩中句也。西湖春古，碧云天遥，益觸我江鄉之夢矣。大雪後三日，卧犀泉道人高日濬并記。附刻可閑老人詩：南渡循王之子孫，文采風流今獨存。既有緑筠爲别業，何須畫戟在高門。小堂翡翠留叙影，滿徑莓苔點屐痕。侍婢牽蘿還補屋，幾回風雨鎖黄昏。

殷樹柏：字曼卿，號雲樓、嫩雲、懶雲，浙江嘉興人。清代書畫家、篆刻家，書學柳公權，畫宗陳道復、惲壽平，篆刻師浙派及金罍山人法。

高日濬：字犀泉、惺泉，浙江杭州人。清代篆刻家，陳鴻壽妻弟，篆刻得陳鴻壽指授，清勁高雅，以脱俗見稱。

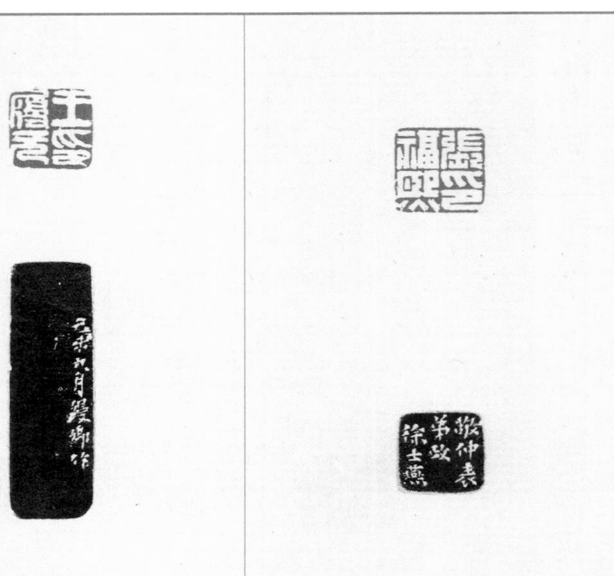

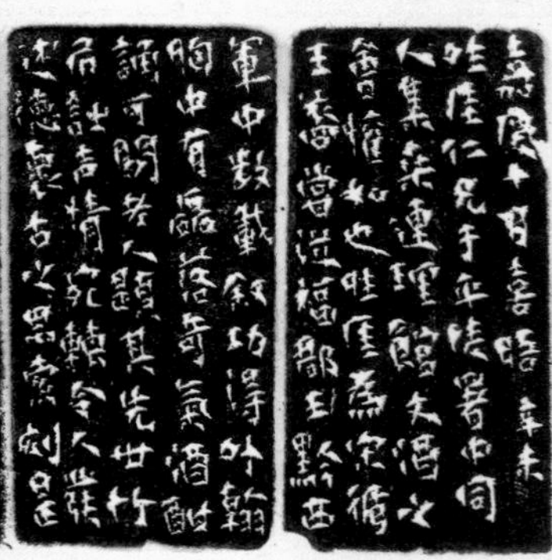

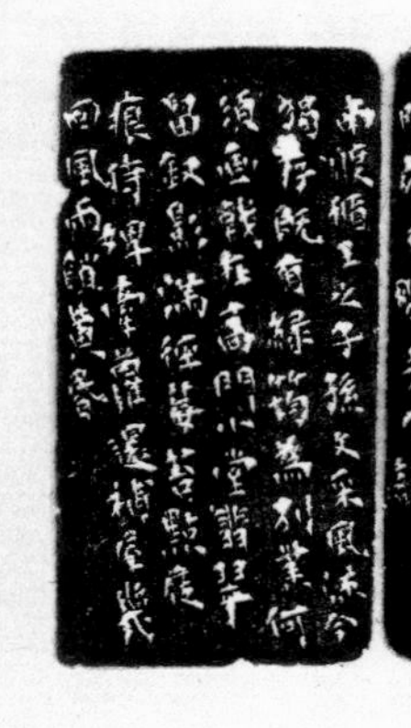

張鏐：字子貞、紫貞，號老薑、井南居士，江蘇揚州人。清代書畫家、篆刻家，工篆隸，精山水，筆意蒼莽，篆刻宗漢人，平穩大方，字法、刀法均得力于浙派，拙樸茂勁，生澀中帶蒼莽，形神相得益彰。

頻迦：郭麐，字祥伯，號頻伽、頻迦，白眉生，江蘇蘇州人。清代文學家，游姚鼐之門，尤爲阮元所賞識。工詞章，善篆刻，是浙西詞派代表作家之一。

金琅玕館

乙丑九月廿又四日，爲荔庵仁兄作　惺泉

真硯齋

子良爲頻迦作　研豈有假，况其手真不壞，不損其傳。千春齋之主人屬其石友犀泉刻

應氏叔雅

秋暑中人頭岑岑欲卧，午後大雨如注，真另易清凉世界也，樂而篆此四字。時壬戌七月廿又八日，張鏐并識。

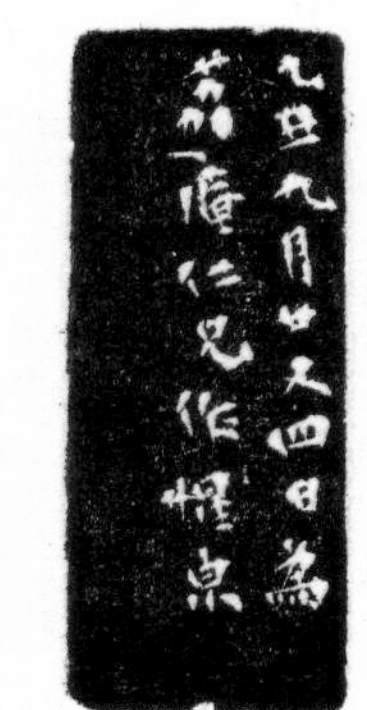

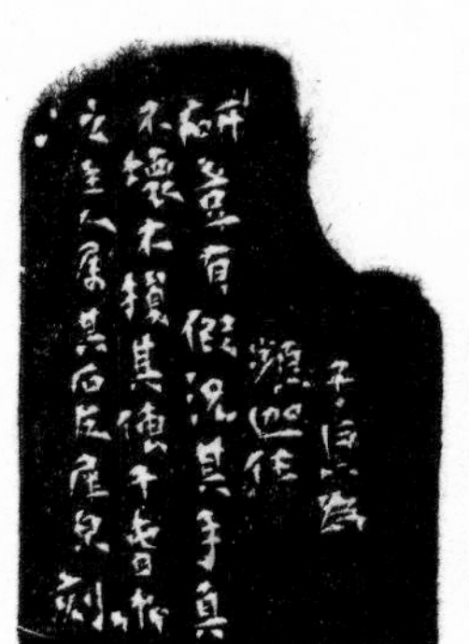

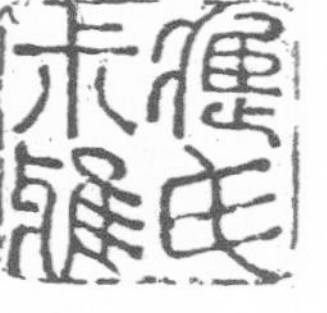

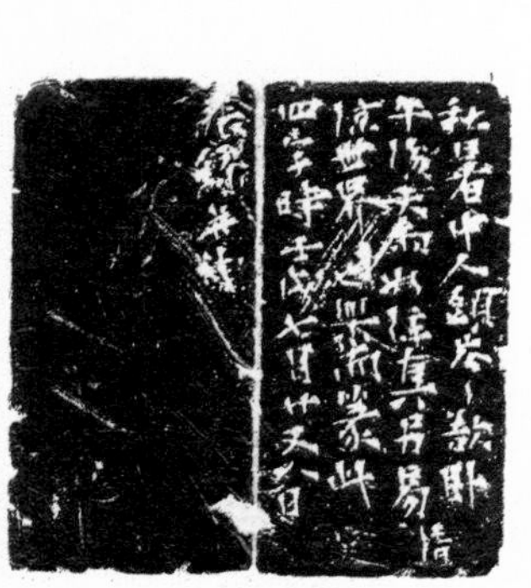

程得齡與九氏又字湘舟印

丙子清明後五日，子貞仿丁居士法于袁浦汪氏生白齋。時將發棹邗江，匆促奏刀，不能工也。

心蓮盦

庚辰三月十一日，余欲遠行，心頭恅悼，力疾成此，不計妍醜也。大受爲子箎先生屬。

石農

端木子彝爲石農作。

陳大受：生平不詳。

端木國瑚：字子彝、鶴田、井伯，晚號太鶴山人。與西泠後四家諸人相友善，篆刻得浙派真諦。

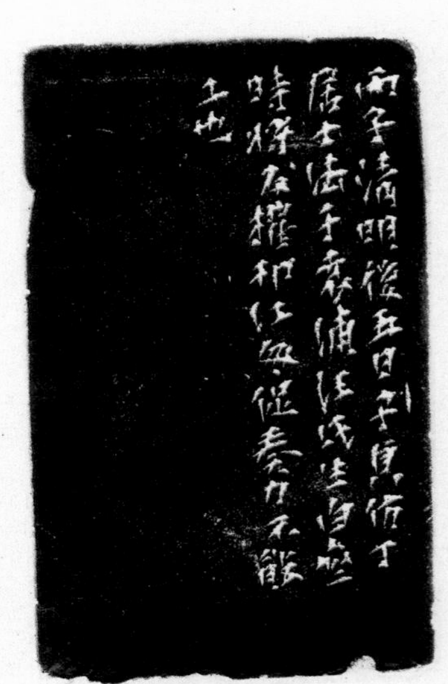

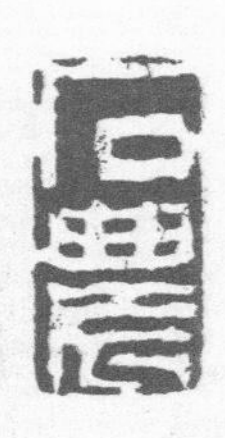

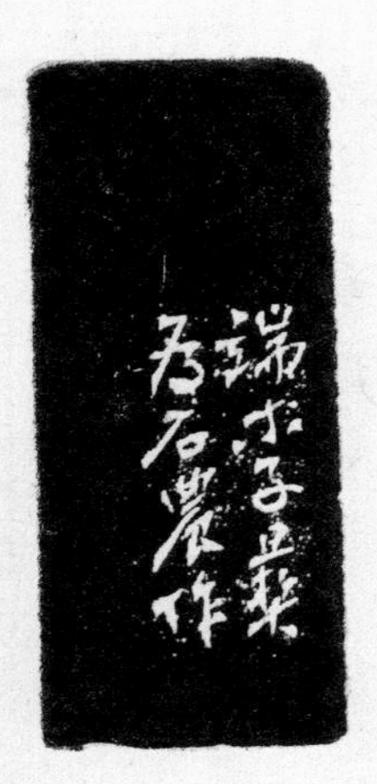

張上林：字心石，號又超、古村，浙江嘉興人。清代篆刻家，張廷濟侄，篆刻承家法，多具浙派和明人之意。

心遠地自偏：語出東晉陶淵明《歸園田居》。

心遠地自偏・養真廬

道光十二年五月，徐同柏篆，張上林刻。

竹窩

張上林作，癸亥冬日。

嘉慶戊午浙江解元

叔未先生用　甥徐大椿篆，侄張上林刻。

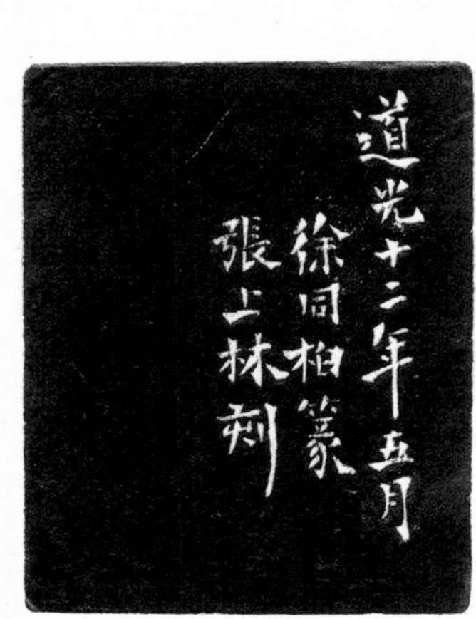

亨橋墓祠守者

嘉庆壬申春日，叔未先生命。甥徐大椿篆，侄張上林刻。

汝南伯子

殷伯子雲樓世家，秀水所居西疇老屋，奚蒙泉、徐鈍盦、朱閒泉、文後山、徐西澗諸君子爲之作圖。汝南者，其所出之望也。乙亥十月，康叔刻并志。

殷伯子樹柏

變動不居，易之道也，漢人摹印有焉，請質之雲樓。志寧。

陳志寧：字康叔，號新笭，浙江海寧人。善治印。

徐鈍盦：徐世鋼，字及鋒，號鈍盦，浙江秀水人。清代畫家，善繪山水，人物得陳洪綬意趣，亦擅花卉，兼精篆隸，著有《通介堂詩稿》。

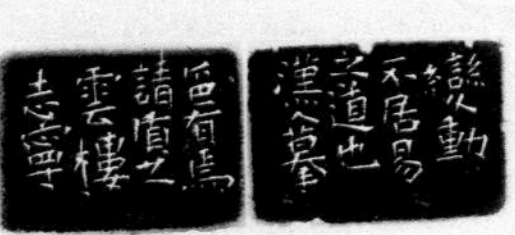

孫均：字詁孫，號古雲，浙江杭州人。清代諸生，孫士毅孫，工篆隸，善寫生，篆刻宗浙派，尤喜陳鴻壽，所作有育勁渾樸之趣。

樝勤私印

漢人刻銅印法，爲肩吾二兄製。甲戌閏二月，古雲并記。

三十六峰草堂

琴隖蓄奇石三十六種，以名其堂，屬余刻印。其治真州有賢聲，所藏之石當與鬱林并傳矣。乙亥三月，古雲記。

竹風閣

古雲。

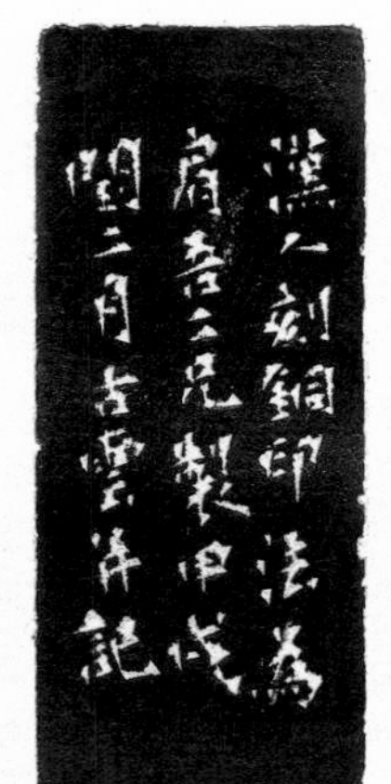

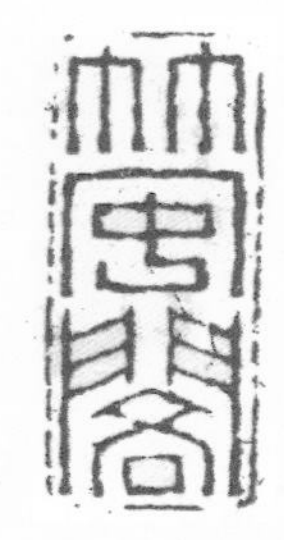

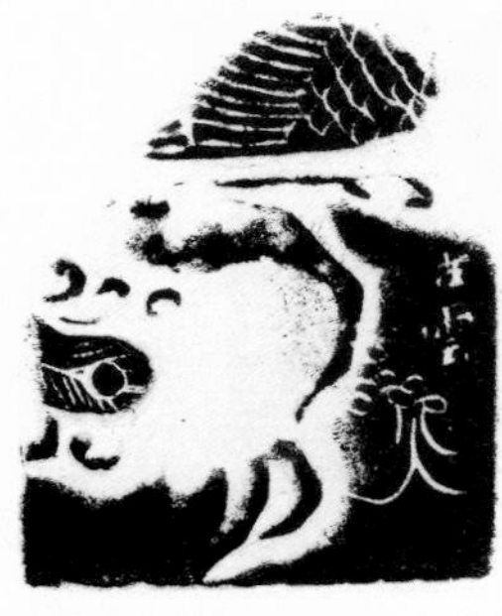

吉祥雲室

頻伽居士屬。古雲刻，甲戌八月。

高熙

古雲作。

富人大萬

漢泉範之陰有『大富千萬』四字，篆法古勁。余曾摹作小研。友華仁兄見而愛之，屬爲此印，亦書家縮本意也。嘉慶乙亥九月朔，古雲并記。此範沿爲『富人大萬』，以『布貨十品大布黃千』證之，當作『大富千萬』無疑。次日又記。

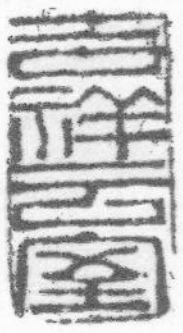

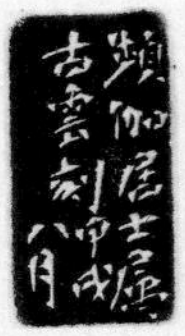

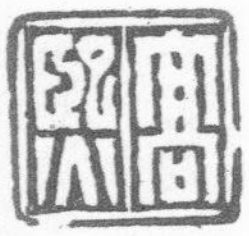

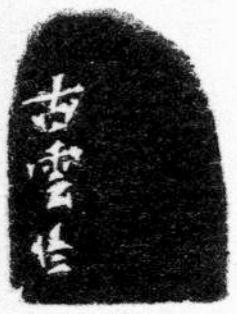

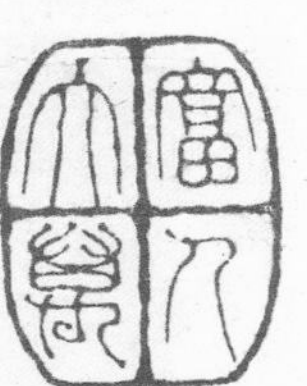

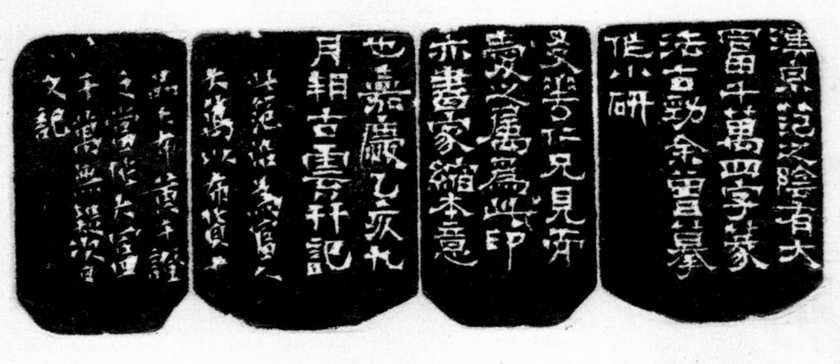

汪之虞：本名照，字騶卿，浙江嘉興人。清代篆刻家，曾從顧洛、江介、趙之琛諸人游，篆刻得浙派法。

寶晉英光之閣

學坫道人意，題紅館主屬。乙未十月望日，蚌佛盦主騶卿。

碧梧吟室·吟梅三緘

丙申十月二十日，擬坫道人渾厚之趣。騶卿。

東皐生

己丑仲冬，騶卿製。

清吟閣

騶卿製。

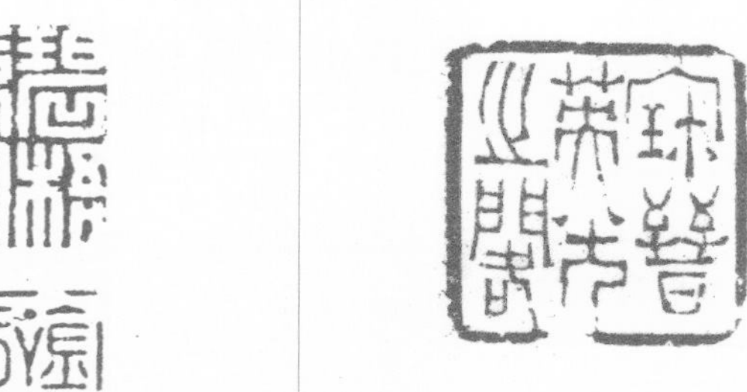

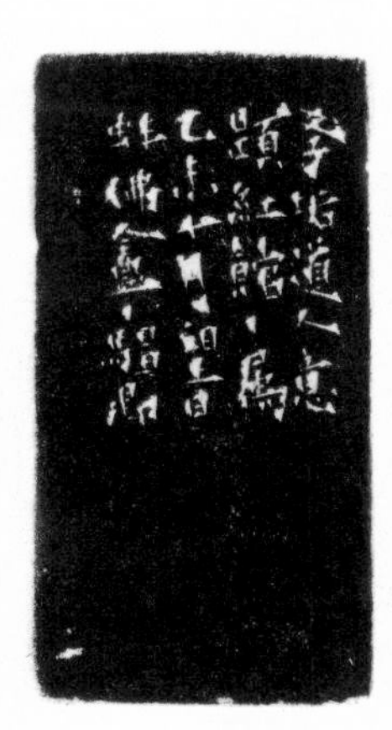

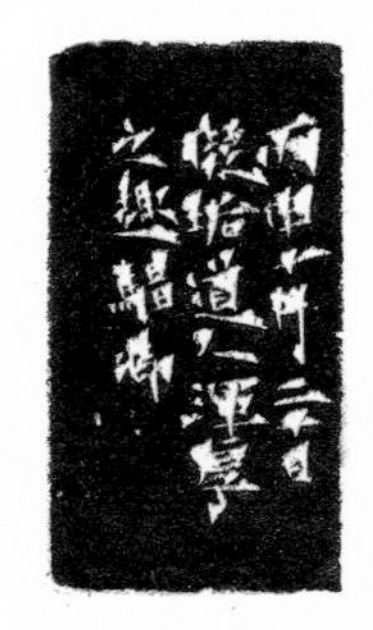

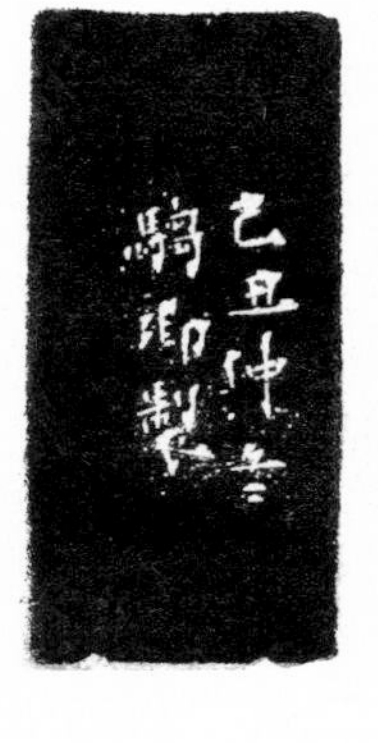

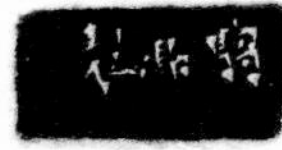

吴俊

嘉慶乙丑十二月，沙神芝篆。

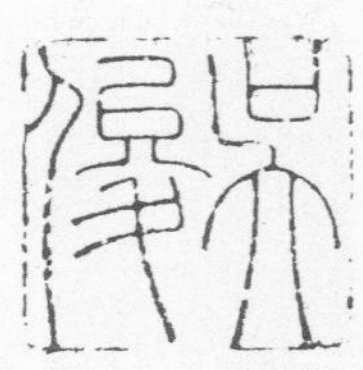

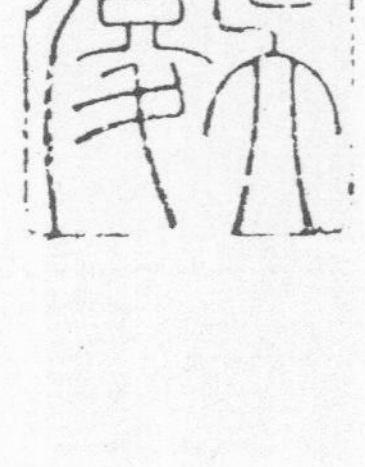

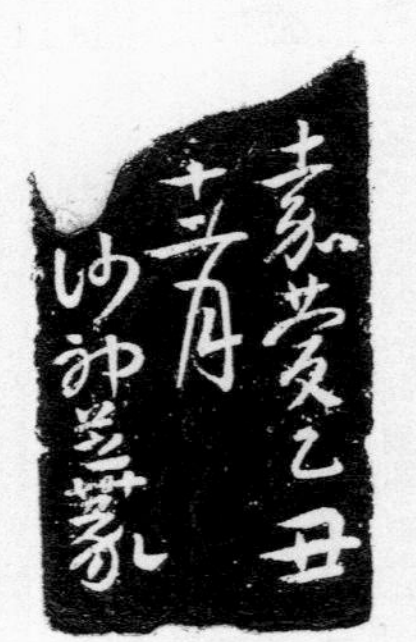

蘇小園讀書記

嘉慶乙卯春，均自越來吴，謁小園舅氏于恒素堂。得見所藏書畫、金石，鑒别嚴核，不減洪、趙。嗣均供職都門，不奉清誨，蓋十年矣。丙寅十一月，引疾歸里，又瞻顔色，情話之餘，出此石命作讀書記印。初學奏刀，自慚惡劣，尚祈教之。均并識。

周官私印

夢溪先生以書法名其家，無時世裝，不爲當（必）世所重。五百年後，知必有以一縑易一字者。先生，余忘年友也，屬余製印，因論及之。具隻眼者，當以予言爲然。屠倬記。

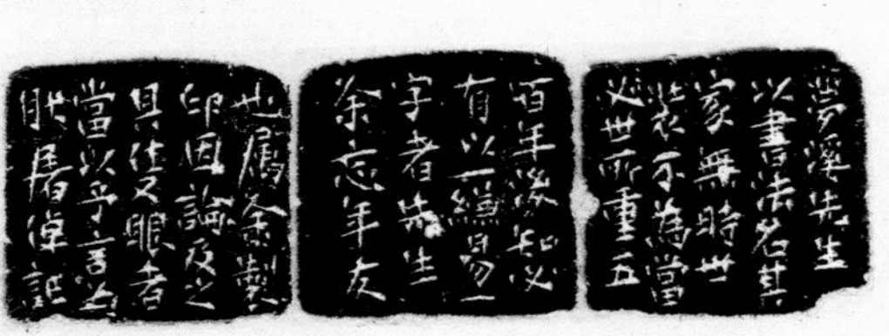

沙神芝：字笠甫，號鷗爽，浙江嘉興人。清代書畫家、篆刻家，工篆隸，擅畫梅花，兼善篆刻，有張日中、沈皋風韵。

陳均：初名大均，字敬安，號受笙，浙江海寧人。清代畫家、篆刻家，山水師法奚岡，旁及花卉，蒼雅有骨法。

屠倬：字孟昭，號琴鄔、琴隖，浙江嘉興人。清代文學家、篆刻家，篆刻專宗陳曼生，險勁不及，蒼渾過之。詩與郭麐齊名，著有《是程堂詩文集》。

崇蘭仙館

崇蘭主人，余契友也。戊辰秋日，遇于維揚。把酒留連，挑燈話舊，囑刻是印。率爾奏刀，不計工拙何如。屠倬并記。

屠倬

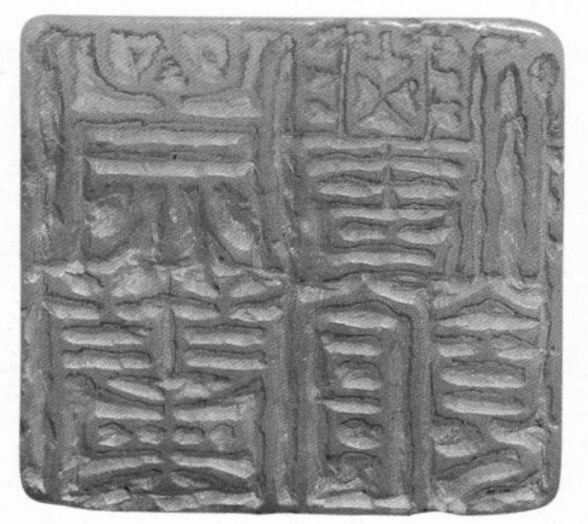

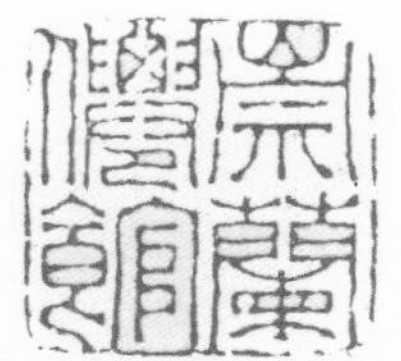

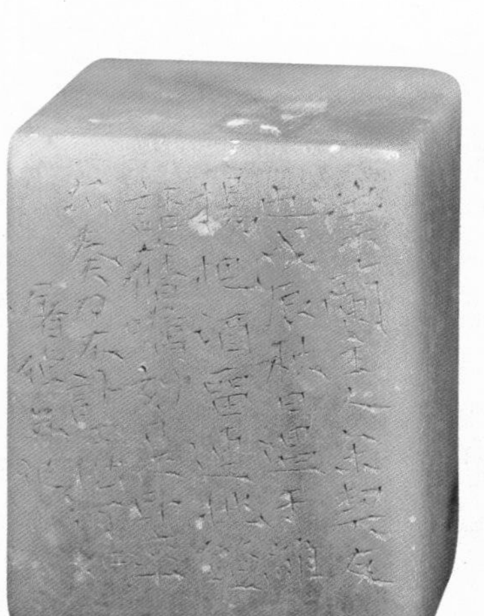

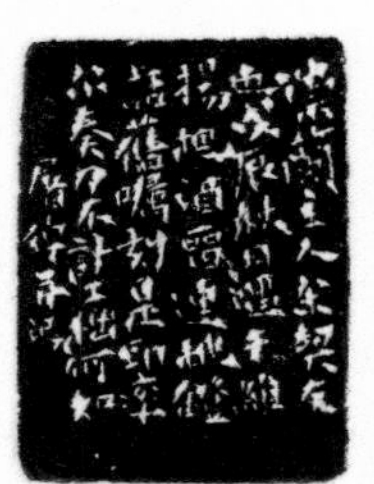

王振綱印

尺魚四兄以此石屬刻，遲久未報。山中積雨無事始爲了此。丙寅四月，琴隖。

蔣村草堂

蔣村仁兄過訪城東僧寓，爲作此印。琴隖。

劍士

偶然仿漢人作，得此印，曾見許于奚丈鐵生，遂留之。然亦殊不自信也，不知秋堂見之，更以爲何如耶？壬戌二月，琴塢記。

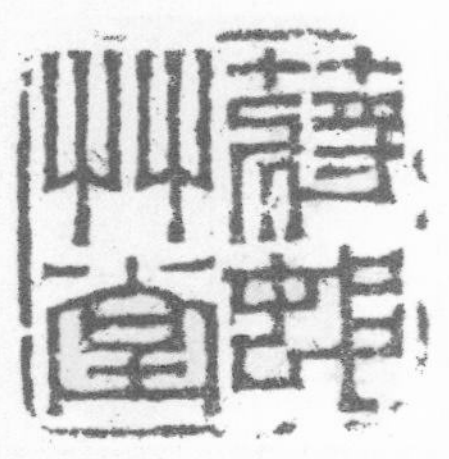

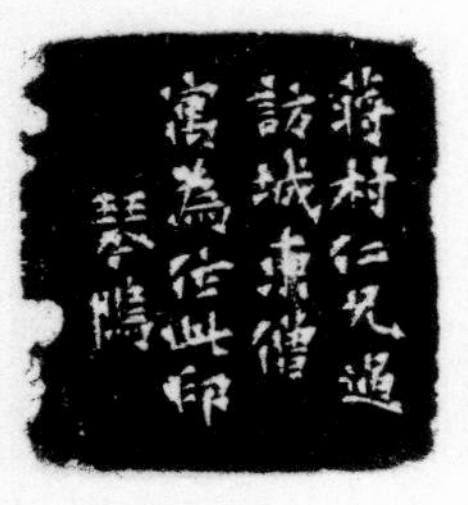

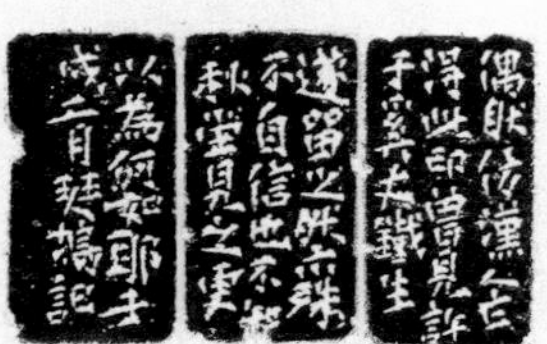

論印之一道，自國博開之，後人奉爲金科玉律，雲礽遍天下，余亦知無容贊一詞。

——周亮工《印人傳・書文國博印章後》

刻石印章復得九，文氏壽承筆以手。各識年月與名字，珍重心期垂不朽。書法篆法胥古樸，摩挲凍石如瓊玖。燈光妙品是耶非，文甫（李）牙章較覺醜。

——弘曆《四庫全書・御製詩集五集卷十六》

文國博真譜不可見，間存于書畫者，實渾含南北兩宗。

——魏錫曾《吴讓之印譜跋》

文彭……工刻印，後人奉爲金科玉律，所作多牙章，在南監時得燈光石乃不復治牙，于是凍石之名始艷傳于世。

——葉爲銘《廣印人傳》

自何主臣出，乃離古印分爲四科：一曰鏤，官印是也；一曰鑄，私印是也；一曰鑿，出自馬上，俗云『急就』是也；一曰剔，乃鑄其文，而更深鏤之，駸駸復古，尤有兩漢之餘風。

——徐貞木《觀妙齋集印自序》

主臣（何震）往來白下最久，其于文國博，蓋在師友間。國博究心六書，主臣從之討論，晝日夜不休，常曰：『六書不能精義入神，而能驅刀如筆，吾不信也。』故主臣印無一訛筆，蓋得之國博居多。……主臣盡交蒯緱，遍歷諸邊塞，大將軍而下皆以得一印爲榮。

——周亮工《印人傳・書何主臣章》

自何主臣繼問國博起，而印章一道遂歸黄山。久之而黄山亦無印，非無印也，夫人而能爲印也。又久之而黄山無主臣，非無主臣也，夫人而能爲主臣也。

——周亮工《印人傳》

并郡何氏主臣，追秦漢而爲篆刻，蓋千有餘年一人焉。

——吴繼仕《翰苑印林》

得力漢官印，親炙文國博。一劍抉雲開，萬弩壓潮落。中林摧陷才，身當畫麟閣。

——魏錫曾《論印詩二十四首》

吴思翁云：『（程邃）以小篆爲名印，大篆爲齋館，章法謹嚴天生布置，秦碑漢碣于方寸之間得之，自漢以後無印，先生一出可以繼漢摹印之學矣。』

——黄學圯《東皋印人傳》

若梁千秋不匠而匠，華玉則匠中之匠也。大抵以平滿爲主，以雜鐘爲奇，字中本來之形與累代之制，皆不必考，所以文多差謬，至刀法輕重徐疾之妙，更莫之知也。

——秦爨公《印指》

徐髯仙（霖）、許高陽（初）、周公瑕（天球）皆係書家，旁及篆體印文章法，心畫精奇。李長蘅（流芳）、歸文休（昌世）以吐鳳之才，擅雕蟲之技，銀鈎屈曲，施諸符信，典雅縱横。

——姜紹書《韵石齋筆談・國朝印章》

近代作者惟程穆倩、胡省游爲最，省游名不逮穆倩，而樸老過之，程以文勝，胡以質勝，程有意于奇，胡無心于巧，其優其劣，辨在幾微。他如十竹齋，巧過于法，雅俗共賞，欲追先民，寧爲彼勿篇此也。

——吴先聲《敦好堂論印》

以玉筋作圓朱文，宗文敏者，梧林、杲叔也。以籀文作闊邊碎朱文者，杲叔、修能也。

——孫光祖《篆印發微》

何震密疏能結構，文彭精巧更紆餘。許（初）徐（霖）歸（文休）李（流芳）風流在，善謔應推孫太初。

——厲鶚《論印絶句十二首》

以予所聞，有明一代中有文博士壽承、何山人長卿，挾此技游歷天下，王公大人倒屣恐後，壽承爲陳茂刻玄山典記印，茂寶之，護以鎮犀匣，養以透雲香，用則搗朱砂、澆麝酒。而長卿没後，其印章至與黄金同價。兩公之徒，精其業者，梁千秋、曹運南、何巨源、吴貞孟，運南客于陳山甫，千秋客于李本寧，皆跋其印譜以傳世。巨源青衿也弁所業，游文博士之門，名與博士埒，晚輯壽承、長卿及己所刻，名曰《印苑》。貞孟從長卿游最久，曲得其妙，不喜干謁豪貴，寓白門蘭若，往來多布衣，《栖鴻館印選》，縉紳寥寥，當世轉以此高其品。最後有程彦明者，饒于資，篤好金石刻，惡夫近代鐫刻家，以直爲曲，强陽促陰，損多就寡，改横作竪，或取軍中倉猝封拜之章，故爲缺脱以示奇，而失六書本形也，因搜羅秦漢以來王侯將相士庶公私印璽，及文何兩家名刻，辨真贋、次古今、定是非，總輯成編，名曰《印則》；其讎較篆第隸分原委本末，及得心應手、動合天則、蒼古自然之旨，則詳《印旨》一編，亦爲有識所珍賞之。數人者，或以能事自見，或以收藏示奇，當時籍籍而卒不得爲藝苑盟主，今則通人碩儒有不能舉其姓氏者，甚矣！鐫刻之技可爲而不可爲也。雖然，揚子雲嘗訌歌辭賦，謂雕蟲小技壯夫不爲，而《甘泉》《逐貧》諸作與《法言》并行，人苟寓意于物而不溺，則鐫刻亦文人辭賦之屬，聊以自娱焉耳。

——王景堂《坤皋鐵筆序》

考印譜之興，肇于宋而極盛于明，明人之工印者，以余所見，若雪漁之蒼老，亦步之秀勁，梧林之渾厚，嘯民之雄健，不韋之奇正雜出，修能之各體兼長，莫不存其平生所刻，若詩文之人人有集者。至《學山堂》諸譜出，始合數十時賢名手之作，匯而成編，而心之所欲言，亦一寄之于印，爲卷累帙，誠洋洋大觀已。

——吴鈞《静樂居印娱序》

有明諸譜久爲藝林珍秘，若何雪漁之老勁，蘇爾宣之奇縱，王梧林之端凝，朱修能之風致，何不違之古雅，皆宜置之案頭不時把玩。

——戴啓偉《篆刻秘要》

圖章始于秦漢，衰于唐，歷宋元無名家者，文三橋、何主臣出，力追秦漢，圖章之道一振而未免涉于擬議。漳海諸公矯以《款識録》，始以錯落爲奇，周櫟園皆表彰之，然變而不拘，動與神會，濟叔、鶴田其尤著者，濟叔得與櫟園游，故櫟園亦爲之傳，惜鶴田生後，櫟園不得其文以爲重也。

——徐雲龍《松雪堂印萃序》

圖書在版編目（CIP）數據

明清名家篆刻名品. 上／上海書畫出版社編. -- 上海：上海書畫出版社，2022.1（2022.5重印）
（中國篆刻名品）
ISBN 978-7-5479-2715-1

Ⅰ. ①明… Ⅱ. ①上… Ⅲ. ①漢字－印譜－中國－明清時代 Ⅳ. ①J292.42

中國版本圖書館CIP數據核字（2021）第173342號

中國篆刻名品［十］

明清名家篆刻名品（上）

本社 編

責任編輯 張怡忱 田程雨
編　　輯 楊少鋒
審　　讀 陳家紅
責任校對 黄 潔 朱 慧
封面設計 劉 蕾 陳緑競
技術編輯 包賽明

出版發行 上海世紀出版集團
上海書畫出版社
地　　址 上海市閔行區號景路159弄A座4樓
郵政編碼 201101
網　　址 www.ewen.co
www.shshuhua.com
E-mail shcpph@163.com
製　　版 杭州立飛圖文製作有限公司
印　　刷 浙江海虹彩色印務有限公司
經　　銷 各地新華書店
開　　本 889×1194 1/16
印　　張 7
版　　次 2022年1月第1版 2022年5月第2次印刷

書　　號 ISBN 978-7-5479-2715-1
定　　價 伍拾捌圓
若有印刷、裝訂質量問題，請與承印廠聯繫